세상에 대하여
우리가
더잘 알아야 할
교양
70

지은이 소개

지은이 남궁담

남궁담 선생님은 충남 부여에서 태어났습니다. 단국대학교 국어국문학과를 졸업하고 고등학교에서 국어를 가르쳤습니다. 1987년 아동문학연구 동화 부문 신인상을, 2009년 창작동화 《철물 사러 오세유!》로 한국 안데르센 상 문학 부문 금상을 받았습니다. 지은 책으로는 《누가 빨간 소파를 옮겼을까?》《철물 사러 오세유!》《종이는 힘이 세다!》《지붕이 들려주는 건축 이야기》《세상에 대하여 우리가 더 잘 알아야 할 교양 : 아파트, 최선의 주거 양식일까?》가 있습니다.

세 상에 대하여
우리가
더 잘 알아야 할
교양

남궁담 지음

70

명태

우리 바다로 돌아올까?

내인생의책

차례

※ 본문의 **굵은 글씨**로 표시된 단어는 120페이지 용어 설명에서 찾아보세요.

우주의 수많은 행성 중에서 지구는 눈에 띄게 푸른빛이라죠? 그래서 지구를 '푸른 별'이라고 표현하기도 합니다. 지구가 푸르게 보이는 까닭은 지구 표면 대부분을 바다가 뒤덮고 있기 때문이래요. 지구 표면적의 71%에 해당하는 부분, 그러니까 지구의 3분의 2가 바다로 덮여 있는 셈이니 지구를 '푸른 별'이라고 부르는 게 그리 억지스러운 일은 아닙니다. 지구를 뒤덮고 있는 바다는 모두 다섯인데요. 그 다섯 바다(오대양)를 각각 태평양, 대서양, 인도양, 남극해, 북극해라고 부릅니다.

이름을 달리하여 부르지만 사실 지구를 덮은 모든 바다는 따로따로 떨어지지 않고 하나로 연결되어 있어요. 그리고 이 거대한 바다는 강물처럼 일정한 방향으로 흐릅니다. 바닷물이 이렇게 일정한 방향으로 흐르는 것을 해류라고 하는데요. 북반구에서는 시계 방향으로, 남반구에서는 시계 반대 방향으로 흘러요. 적도 주변의 따듯한 바닷물은 위도가 높은 극지방 쪽으로 흘러가는데 이를 난류라고 하고, 남극과 북극 주변의 찬 바닷물은 낮은 위도 쪽, 그러니까 적도 부근으로 흐르는데 이 해류를 한류라고 부르죠.

해류는 두 극지방과 적도 사이를 오가며 공기 온도와 습도를 변화시키고,

공기 흐름에도 영향을 끼쳐 지구 전체의 열이 균형을 이루도록 해요. 기후를 조절하는 거죠. 만약 바닷물이 흐르지 않고 계속 한자리에 머무른다면 극지방은 지금보다 훨씬 더 춥고, 적도 지방 역시 지금보다 훨씬 더 더울 것이라고 합니다. 이 정도면 바다가 지구를 돌본다고 해도 지나친 말이 아니죠?

해류는 바닷속에 서식하는 수많은 생물의 삶에도 큰 영향을 끼칩니다. 바닷속에 사는 생물들은 아주 작은 플랑크톤부터 거대한 몸집의 포유류들까지, 모두 해류를 따라 지구 곳곳으로 이동해 다니거든요. 덕분에 파랑돔이나 범돔, 멸치, 고등어 등 적도 부근 바다에 사는 난류성 어류들이 우리나라 서귀포 앞바다에도 나타나고, 대구나 명태, 청어, 도루묵 등 극지방 바다에 서식하는 한류성 어류들이 우리나라 동해에서 잡혀요.

어민들은 오래전부터 바닷물고기를 잡기 위해 해류를 이용해 왔어요. 오랜 경험을 쌓아서, 바닷물이 어느 때에 어디로 흘러가는지 잘 알거든요. 어느

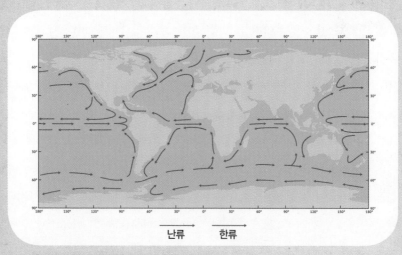

▌ 전 세계 바다의 흐름을 보여주는 해류 지도

계절에 어느 바다에 가면 어떤 물고기가 많은지 훤히 꿰고, 물고기들이 헤엄쳐 오는 바다 길목을 지키며 물고기를 잡습니다. 요즘에는 기계를 동원해 물고기가 많이 모인 위치를 탐지해서 물고기를 잡기도 하지만, 기계가 발달하지 않았던 옛날에는 오로지 해류와 바람의 흐름을 이용해 물고기를 잡았어요. 그렇게 잡아 올린 물고기는 맛있는 먹거리가 되어 주었지요.

인류가 일찍이 드넓은 바닷속 세계에 눈독을 들인 건 매우 자연스러운 일입니다. 꾀가 많은 인류가 바닷속에 엄청나게 많은 자원이 있다는 걸 눈치채지 못할 리 없지요. 또 바닷물의 흐름을 잘 이용하면 다른 대륙으로 나아갈 수 있다는 사실도 알아냈어요. 그래서 매서운 바람에 맞서고 거친 파도와 싸우며, 목숨을 걸고 항해를 나서는 모험을 감행하기도 했고요. 그 모험에서 뜻밖에 엄청난 양의 물고기 떼를 발견하고, 잡아서 자원으로 활용하는 사례도 있어요. 단순한 식량자원을 뛰어넘어, 나라 경제를 뒷받침하는 다른 산업에까지 이용되는 거죠.

물론 바다 자원을 수확하는 데에도 어려움은 있습니다. 바다 자원을 획득하려면 엄청난 위험을 감수하고 큰 비용을 감당해야 하는 등 많은 노력을 해야 해요. 하지만 바다에서는 육지에서 찾기 어려운 자원을 구할 수 있어요. 바닷물고기나 해조류, 산호 등 바다 생물뿐 아니라, 해저에 묻힌 각종 천연자원까지 얻을 수 있습니다. 어족자원 중에는 황금에 비유될 만큼 값이 비싼 **물신**(物神)으로 모셔지기까지 하는 물고기도 있어요. 참치가 대표적인 귀족 생선인데요. 필리핀의 제너럴 산토스라는 항구 도시에서는 매년 9월이면 풍어를 기원하는 투나 페스티벌(참치 축제)을 열어요. 참치 어업이 도시 살림을 책임질 정도로 중요한 산업이기 때문이에요.

지구의 인구 밀도가 높아지고 문명이 발달하는 동안 바다를 둘러싼 나라 간 분쟁도 끊이지 않았어요. 특히 어느 나라의 소유도 아닌, 공해에 존재하는 수산자원을 서로 차지하려는 경쟁이 매우 치열했지요. 국토가 바다와 맞닿아 이미 많은 어족자원을 보유한 나라들도 먼바다의 풍성한 수산자원을 누구보다 빨리, 그리고 많이 갖고 싶어 했습니다. 어업, 특히 대구잡이에 나라 살림을 크게 의지하던 아이슬란드는 대구를 마구 잡아가는 영국과 전쟁까지 벌인 적도 있어요. 이 전쟁을 계기로 각 나라에서 **배타적 경제수역**을 선포하기 시작했지요.

　우리나라도 수산자원을 획득하기에 남부럽지 않은 조건을 갖췄습니다. 다양한 종류의 바닷물고기가 때와 장소를 바꿔가며 우리나라 동해, 서해, 남해 연안에 나타나 주었어요. 덕분에 어부들은 고단한 줄도 모르고 새벽부터 밤까지 물고기를 잡았고, 그 덕분에 사람들은 굶주림을 극복할 수 있었습니다.

　우리나라 연안에 몰려드는 물고기들은 참치나 연어처럼 이른바 귀족 물고기로 대접받는 종도 아니었어요. 조기, 고등어, 멸치, 오징어, 명태 등 우리 밥상에 자주 올라오는, 값싸고 흔한 물고기들이었죠. 비싼 물고기가 아닌데도 든든한 살림 밑천이 되어 주었던 까닭은 워낙 많이 잡혔기 때문이에요. 특히 겨울 동안 우리나라 동해에서 잡히는 명태는 그 양이 어마어마해서, 한 해 어획량이 수십만 톤을 기록한 적도 있어요. 명태가 제철인 겨울이면 우리나라 동해는 '명태가 반, 바닷물이 반'이라는 말이 있을 정도였으니까요. 많이 잡히는 만큼 서민들의 밥상에 오르는 일도 빈번해서, 명태는 우리나라 어업 역사상 가장 많이 잡히고 가장 많이 소비되는 생선이었습니다. 사람들이 많이, 그리고 즐겨 먹는 만큼 명태를 대하는 시선과 마음도 남달라서, 명태는 우리나라 사람들에게 먹거리 이상의 의미가 있었어요.

▌황태구이

그런데 가만 놔두어도 끊임없이 자원이 생산되는 바닷속 풍요가 도리어 화근이 된 것일까요? 그토록 풍요로웠던 바다가 이제는 예전 같지 않습니다. 마치 약속을 지키러 온 것처럼 철마다 어김없이 나타나던 물고기 떼가 이제는 나날이 줄어가고 있어요. 더러는 전혀 나타난 적도 없고, 나타날 수도 없는 곳에서 불쑥 나타나 어민들을 혼란스럽게 만들기도 합니다. 흔하게 잡혀 친근하게 여겼던 조기, 고등어, 멸치, 오징어, 명태 등을 이제 더는 서민 생선이라고 말하기 망설여질 정도죠. 예전에는 하루에 수천, 수만 마리씩 잡았었는데 이제는 일 년 내내 잡아도 그만큼이 되지 못하거든요. 특히 명태는 어쩌다 가끔 그물에 한두 마리가 걸려 올라오는 게 고작이라, 우리 바다에서 아예 사라져 버린 건지 걱정될 정도입니다.

우리 바다에서 어획량이 줄어든 어종이 비단 명태만은 아닙니다. 하지만 명태가 우리 바다에서 자취를 감춘 일을 결코 가볍게 여길 수 없어요. 명태가 우리나라 사람들에게 먹거리 이상의 의미가 있는 생선이기도 하지만, 그보다는 그렇게 많던 명태가 아예 멸종된 것은 아닐지 위기감이 느껴질 만큼 수가 줄어들었기 때문이에요. 명태가 우리 동해를 아예 잊어버린 걸까요? 그 많던 명태가 왜, 어디로 사라져 버린 걸까요?

바다를 채우고, 인류의 식탁을 채워 줬으며, 나아가 인류에게 풍요를 선물했던 바다 자원이 줄어드는 현상은 지금 우리 바다만의 문제가 아닙니다. 몇몇 나라에서 부의 상징으로 신처럼 받들어지는 참치도, 척박한 땅 아이슬란드에 사는 사람들에게 여유를 가져다주는 대구도, 선사시대부터 인류의 먹거리로 오래도록 이어져 온 연어도 개체 수가 서서히 줄어들고 있다고 합니다. 마치 습관처럼 때만 되면 해류를 따라 나타나던 물고기들이 인류에게 시위라도 하는 건 아닐까요? 그렇게 많던 명태가 몽땅 사라진 우리 바다를 생각하면, 지금껏 지구를 돌봐 온 바다가 우리에게 어떤 경고를 하는 것은 아닌지 모르겠습니다.

우리 바다를 가장 좋아해서 우리 바다에 가장 많이 찾아와 주었던 물고기, 명태. 명태와 함께 쓴 우리 역사를 거슬러 가 보면 명태가 우리에게 하려는 말을, 나아가 바다가 인류에게 전하는 메시지를 알게 될지도 몰라요. 조금 늦었지만, 이제라도 명태가 어떤 물고기인지 알아봐야겠습니다. 명태는 우리에게 어떤 물고기였을까요?

1장 명태는 어떤 물고기일까?

우리가 주로 식탁 위에서만 명태를 만나다 보니 명태의 전체 생김새를 꼼꼼하게 살필 기회는 많지 않았습니다. 우리나라 사람들에게 명태가 어떤 의미가 있는 존재인지 본격적으로 이야기하기 전에 대체 명태가 어떤 물고기인지, 그리고 명태의 생김새나 생활 습성 등을 먼저 살펴볼까요?

명태는 어떻게 생겼을까?

명태의 외모에서 특징으로 볼 수 있는 부위는 입이에요. 입이 큰 생선이라 대구과로 분류합니다. 명태는 입이 큰데도 새우나 게, 오징어, 멸치 등 자기보다 크기가 작은 바다 생물을 먹어요. 식욕이 무척 왕성해서 먹을 것이 부족하면 어린 새끼들을 먹기도 합니다. 떼를 지어 다니다 집단이 커지면 종종 서로를 잡아먹기도 해요.

턱은 위턱이 아래턱보다 짧아 아래턱이 불쑥 튀어나와 있는 모양새, 말하자면 주걱턱인 셈이에요. 동그랗고 큰 눈이 머리 중앙보다 약간 위쪽에 달려 있어요. 아래턱에는 너무 짧아서 잘 보이지도 않는 수염이 달랑 한 가닥 나 있는데, 이 수염은 **흔적기관**입니다. 배는 하얗고, 머리부터 꼬리까지 갈색 점들이 길게 늘어서 있어요. 이 점들은 배에서 등으로 올라갈수록 점점 색이 진해집니다. 지느러미는 등에 세 개, 배에 두 개 달려 있어요. 꼬리지느러미는 뒤끝 가장자리가 마치 가위로 자른 것처럼 직선에 가까운 모양이죠.

❙ 명태의 생김새

　명태는 언뜻 보면 대구랑 비슷하게 생겼지만, 대구보다 홀쭉하고 길어요. 대구도 명태처럼 아래턱에 수염이 한 가닥 있지만, 대구의 수염은 명태의 수염보다 약간 길죠. 대구는 명태와는 반대로 위턱이 아래턱보다 길게 튀어나와 있습니다. 찬찬히 살핀다면 명태와 대구를 쉽게 구분할 수 있어요.
　명태의 암컷과 수컷은 겉모양만 보면 크게 다르지 않습니다. 다만 산란기에는 암컷의 배 속에 알이 가득 차 있어서 쉽게 구별되기도 해요. 다 자란 명태는 크기가 30~60cm 정도이고, 무게는 600~800g 정도예요. 90cm에 이르는 큰 명태도 있죠. 같은 명태라도 서식지에 따라 크기가 달라요. 러시아 근해에서 자라는 명태는 우리 동해에 서식하는 명태보다 더 길고 크답니다.

대구(大口)

대구는 입이 커서 붙은 이름이에요. 명태처럼 차갑고 깊은 바다에 살죠. 그래서 명태와 함께 대표적인 한해성 심해 어종으로 분류됩니다. 야행성이라 낮에는 몸을 숨기고 밤에 먹이활동을 해요. 아래턱에 한 가닥 길게 나 있는 수염을 이용해 먹이를 찾습니다. 보통 3년 정도 자라면 크기가 60~70cm 정도 되는데, 크게는 1m까지도 자란다고 합니다. 수명도 10년 이상이라 장수하는 편이에요. 입이 크고 먹성도 좋아서 오징어, 문어, 새우, 청어, 명태, 가자미 등을 통째로 먹어 치우는데, 자기 몸의 3분의 2 정도 되는 크기의 먹이도 그대로 삼킨답니다.

대구는 맛이 고소하고 담백한 데다 크기도 큰 편이에요. 그래서 우리나라에서는 탕으로 끓여 먹거나 포를 떠서 전으로 부쳐 먹는 등 다양한 방법으로 대구를 즐겨 먹어요. 대구가 명태와 다른 점이라면 명태는 주로 우리나라에서만 소비가 많이 되는데, 대구는 동서양을 가리지 않고 인기가 많다는 점이죠. 사람들이 너무 많이 잡아먹은 탓에 대구가 멸종될 뻔한 적도 있습니다. 위기감을 느낀 여러 나라에서 재빨리 대책을 세우고 어획량도 제한하는 등 노력한 덕분에, 지금

▌ 대구의 생김새. 자세히 보면 명태와 대구를 쉽게 구분할 수 있다.

은 대구 개체 수가 어느 정도 회복된 상태예요. 그렇지만 아직 안심할 수는 없는 상황이어서, 대구어업을 중요한 산업으로 여기는 아이슬란드 등에서는 대구를 그물로 잡지 못하도록 했습니다. 1984년부터 수산 관리를 위한 어획량 할당 제도(쿼터제)를 도입해, 어획량을 정하고 어업인 모두가 이를 지키도록 규제하고 있어요. 어획량 할당 제도는 과학적 연구를 토대로 최적 규모의 어획량을 유지한답니다. 어획량이 조금 줄어들더라도 더 많은 이윤을 남길 수 있도록 도와주는 거죠.

명태는 어디에 살까?

명태는 차가운 물을 좋아해서 한해성 어종으로 분류하는데, 수온이 10℃ 이하로 차가운 바다에서만 살아요. 어릴수록 차가운 바다를 좋아해서, 어린 명태는 수온이 1~5℃쯤 되는 곳에서 자랍니다. **치어**일 때는 주로 밤에 수면으로 올라와 플랑크톤을 먹고, 다 자란 뒤에는 몸집이 작은 갑각류나 물고기 등을 잡아먹습니다. 명태 수명은 대개 12~16년 정도인데, 오래 산 명태는 31년까지 살았던 경우도 있다고 하니 물고기치고 꽤 장수한다고 볼 수 있어요.

명태는 수심이 얕은 곳보다 깊은 곳에서 떼를 지어 다니기 좋아하는데, 이 또한 찬물을 좋아해서예요. 수심이 깊은 곳은 바다의 표층보다 1~2℃가량 더 차갑거든요. 우리나라는 동쪽, 서쪽, 남쪽으로 바다가 있는데, 그중 동쪽 바다가 제일 차갑고 수심도 깊습니다. 동해는 해변에 모래가 많아 해수욕하기에 참 좋은 곳으로 알려졌지만, 해변 안쪽으로 조금만 들어가도 수심이 2,000~3,000m까지 깊어져요. 명태는 주로 수심 200~600m 사이에 사는데,

물이 차갑고 수심이 깊은 동해는 명태가 살기에 참 좋은 바다랍니다. 동해에는 명태 말고도 대구와 도루묵, 문어, 오징어 등 다양한 바다 생물이 모여들어요. 그중 개체 수가 가장 많은 것이 명태예요.

명태가 주로 서식하는 해역은 우리나라의 동쪽 바다와 일본 북쪽 홋카이도 부근 바다, 그리고 러시아에 가까운 오호츠크해와 베링해 등이에요. 지도를 보면 더 분명하게 알겠지만 모두 우리나라보다 북쪽에 있는 추운 바다랍니다.

▌ 명태가 주로 서식하는 해역

명태는 떼를 지어 일정한 경로를 따라 헤엄쳐 다녀서 회유성 물고기로도 분류해요. 수온이 낮은 바다에 와서 알을 낳고 살다가, 날씨가 따뜻해지면 다른 차가운 바다를 찾아 떠납니다. 바닷물이 도로 차가워지면 잊지 않고 되돌아와요. 우리 바다에 사는 명태는 동해 먼바다에서 살다가 북한의 강원도 원산 앞바다로 내려와서 알을 낳고 떠나가는 무리, 오호츠크해에서 내려왔다가 다시 올라가는 무리가 있어요. 우리나라 동해에서 11월경부터 이듬해 3월까지 알을 낳고 살다가, 수온이 올라가는 여름철에 오호츠크해와 베링해 등으로 올라가 거기서 지내요. 그러다 한반도에 다시 겨울이 시작되면 우리나라에서 가장 차가운 동해로 되돌아오기를 반복하죠. 명태의 이런 습성 덕분에 겨울철 우리나라 동해에서 명태를 어마어마하게 많이 잡을 수 있었던 거예요.

명태의 산란

명태는 특이하게도 암수가 함께 다니지 않고 서로 나뉘어 떼를 지어 다녀요. 수컷은 바다 중간 정도 깊이에서, 암컷은 바다 깊은 곳에서 헤엄쳐 다닙니다. 명태가 알에서 태어난 지 3~5년 정도 되면 짝짓기를 해요. 암컷이 알을 낳으면 수컷이 그 위에 정자를 뿌려 체외수정을 하죠. 암컷은 산란기가 되면 바다가 육지 쪽으로 들어와 있는 해안가, 수심 50~100m 정도로 올라와 평평한 모래나 진흙 바닥에 알을 낳아요. 명태 한 마리가 한 번에 낳는 알은 적게는 20만 개에서 많게는 100만 개 정도랍니다. 북한의 원산과 신포 앞바다는 명태들이 알을 낳기에 참 좋은 환경이에요. 명태가 사라진 지금은 그런 풍경을 볼 수 없지만, 예전에는 명태가 한꺼번에 몰려와 알을 낳으면 그 지역 바닷물이 뿌옇게 보일 정도였대요. 말이 지나치게 많거나 거짓말을 잘하는 사람을 일컬을 때 속된 말로 '노가리 깐다.'라고 하는 건 이렇게 알을 많이 낳는 명태의 습성에 빗댄 표현입니다.

명태가 자정에 알을 낳기 시작하면 다음 날 새벽까지 이어져요. 그때는 먹이 활동을 하지 않고 잠들지도 않으며, 그물에 걸려 잡혀가면서도 오로지 알 낳는 일에만 몰두한답니다. 알들은 바닷물에 떠다니다가 9~28일쯤 지나면 부화합니다. 하지만 그 많은 알이 모두 다 부화하는 것은 아니에요. 온전하게 부화해서 치어가 되고, **성어**까지 되는 것은 정작 얼마 되지 않아요. 명태가 알을 낳기 시작하면 수많은 물고기가 몰려들어 명태 알과 치어를 마구 잡아먹기 때문이죠.

▌ 어린 명태인 노가리

명태라는 이름은 언제 생겼을까?

그렇다면 명태라는 이름은 언제 생겼을까요? 다행스럽게도 이 물음에 답을 주는 기록이 있습니다. 조선 말기 문신이었던 이유원이 쓴 《임하필기》 27권에 적혀있는 내용이에요. 이 기록에 따르면 함경북도 명천에 태씨 성을 가진 어부가 있었답니다. 하루는 이 어부가 물고기 한 마리를 낚아 고을 관청에서 부엌일을 하는 사람에게 주어, 함경북도 으뜸 벼슬아치인 도백이 드시도록 했어요. 도백이 그 물고기를 먹어 보니 비린 맛도 나지 않고 담백하다고 느꼈죠. 그래서 "비린내도 나지 않고 참 맛있는 물고기인데 이름이 무엇이냐?"라고 물었어요. 그런데 이름을 아는 사람이 아무도 없고, 다만 "태씨성을 가진 어부가 잡은 것입니다."라고만 답하더랍니다. 이에 도백이 "그러면 명천 지방에 사는 태씨가 잡은 것이니, '명태'라고 하는 게 좋겠다!"라고 했다는 겁니다. 이후부터 물고기 이름이 '명태'라고 불리며 전국에 두루 퍼지게 되었다고 합니다. 명태를 먹어 본 사람들이 입에서 입으로 그 맛을 전하면서 사람들이 명태를 자주 찾게 되었어요. 명태 수요가 늘어 어민들은 더욱 신바람 나게 명태를 잡았을 테지요.

명태가 처음 잡혔을 때부터 곧바로 명태라는 이름으로 불리기 시작한 건 아니에요. 어느 정도 시간이 지난 뒤부터 널리 불린 것으로 여겨져요.《신증동국여지승람》을 꼼꼼히 살핀 몇몇 학자들은 명태가 처음에는 '무태어'라고 불리다가 나중에 명태라고 불렸을 것으로 추측합니다. 함경도 지방에서 '무태'라고 불렸는데, 잡히는 양이 점점 많아지고 수요가 늘어나면서 명태라는 명칭과 섞여 쓰였고, 그중에서 조선 8도에 더 빠르게 퍼져 널리 알려진 이름이 명태라는 겁니다. '무태'가 '명태'로 되기까지의 과정이 뚜렷하지 않다고 이 주장을 반신반의하는 학자들도 있어요. 그렇지만 명태 어획량이 점점 많아지면서 생산지 외 다른 지역으로 전파되는 과정에서 굳어진 이름이라는 데에는 생각을 같이합니다. 지금이야 명태를 모르는 사람이 거의 없지만, 명태의 이름이 뚜렷하지 않았을 때는 먹는 사람이 그리 많지 않았으리라고 짐작해요. 우리 옛 선조들은 이름 없는 물고기를 먹지 않는 관습이 있었거든요. 그래서 명태도 이름이 없을 때는 먹기를 꺼렸을 테고, 명태라는 이름이 붙여진 뒤에야 비로소 사람들의 삶 속으로 들어왔다고 예상됩니다.

명태라는 이름에 대해서는 이런 이야기도 전해집니다. "옛날 함경남도는 춥고 땅이 험해 농사가 잘 안되어 먹을 것이 무척 부족했다. 그래서 영양 결핍으로 눈이 침침한 사람들이 참 많았는데, 명태의 간을 먹고 사람들 눈이 밝아지는 일이 많았다. 이에 '눈을 밝게 해주는 물고기'라는 뜻으로 '명태'라

집중탐구 **노랫말 속 명태**

명태 이름에 얽힌 이야기는 지금까지 여러 가지가 전해져요. 그중 가장 널리 알려지고, 사람들이 제일 그럴듯하다고 믿는 기록은 《임하필기》에 담긴 내용이에요. 명천에 사는 어부 태씨가 잡은 물고기여서 명태라 이름 붙였다는 이야기는 우리나라 가수 강산에가 부른 〈명태〉의 노랫말에도 나온답니다. 강산에는 2018년 4월 1일과 3일에 있었던 〈2018 남북평화협력 기원 평양공연〉에서도 이 노래를 불러 남북한 사람 모두에게 뭉클한 감동을 주기도 했어요. 〈명태〉의 노랫말을 가만히 곱씹어 보면 한국인의 명태 사랑이 어느 정도인지 새삼 실감하게 됩니다. 한번 음미해볼까요?

…명태 그 나랠 이유들 중엔
조선 시대 함경도 명천 지방에 사는
태씨 성의 어부가 처음 잡아 해서리
명천의 명자 태씨 성을 딴 태자
명태라고 했데이제이니…

고 부르기 시작했다." 잘 알려진 이야기이기는 하지만 사람들 입을 통해서만 전해진 내용이라 사실이라고 믿기는 어렵습니다. 그밖에 함경도와 일본 동쪽 해안 지방에서 명태 간으로 기름을 짜서 등불을 밝혔기에 '밝게 해주는 물고기'라는 의미로 명태라고 불렀다는 이야기도 있어요.

《난호어목지》에서는 명태를 '명태어'라 하며 생것을 명태, 말린 것을 북어라 한다고 썼어요. 우리도 북어를 말린 명태를 뜻하는 이름으로만 아는 경우가 많지요. 그런데 '명태'가 '북어'와 소리는 다르지만, 뜻이 같다는 견해도 있습니다. 북어가 말린 명태를 가리키는 이름이 아니라 살아있는 물고기를 의미한다는 이야기죠. 북쪽 바다에서 잡혀서 '북어'라 불렸다는 주장입니다. 조선 후기 학자 이만영이 쓴 《재물보》라는 책에는 "북쪽 바다에서 잡으므로 북어"라 한다는 기록이 있고, 비슷한 시기에 유희가 쓴 《물명고》에는 "대구어보다 작은 것인데 동해 북쪽 끝에서 잡으므로 북어라는 이름을 얻었다."라고 쓰여 있대요. 또 이규경이 백과사전 형식으로 쓴 책 《오주연문장전산고》에는 "우리나라 동북해 중에 일종의 물고기가 있는데, 그 이름을 북어라하며 세속에서는 명태라 한다."라고 쓰여 있다니, 북어가 명태 자체를 가리키는 다른 이름이라는 주장 또한 근거가 있어 보입니다.

명태는 다른 생선에 비해서 매우 많은 이름을 갖고 있어요. 명태가 그렇게 많은 이름을 갖게 된 까닭은 우리나라에 먹거리가 몹시 부족했던 시절에 명태만은 풍족했기 때문일 거예요. 우리나라 사람들은 명태가 가장 많이 잡히는 철에, 먹을 것이 부족한 때를 대비해서 명태가 상하지 않도록 가공하고 저장하는 지혜를 발휘했어요. 덕분에 명태는 모양과 색깔은 물론 식감이 달라지는 여러 형태로 재탄생하여 여러 이름을 얻었습니다. 명태를 무엇으로 어

떻게 잡느냐, 잡은 크기가 얼마나 되느냐, 잡은 고장이 어디냐, 어떻게 가공
했느냐에 따라 달리 부르기 때문이지요. 의미가 같아서 굳이 달리 부를 까닭
이 없는데도 다른 이름을 붙인 경우도 많아요. 그 때문에 명태는 우리나라에
서 이름이 가장 많은 생선이 되었는데요. 명태의 다른 이름이 그렇게 많다는
것은, 그만큼 명태가 사람들의 큰 관심과 사랑을 받았다는 의미가 아닐까
요?

집중탐구 **명태의 여러 가지 다른 이름**

잡는 시기에 따라

- 막물태 : 명태 철이 끝나갈 무렵에 잡은 명태
- 춘태 : 명태 철이 끝난 봄(3~4월)에 우연히 잡힌 명태
- 추태 : 가을에 잡은 명태
- 동태 : 겨울에 잡은 명태
- 사태 : 음력 4월에 잡은 명태. 함경남도 연안 지방에서는 명태가 잡히
  는 시기(월)에 따라 일태, 이태, 삼태, 사태, 오태라고 부른다.
- 은어받이 : 음력 10월 보름 무렵 함경도 연안에 몰리는 명태. 도루묵을
  뒤따라온 명태라는 뜻이다.
- 동지받이·동지태 : 음력 11월(동짓달) 보름께에 함경도 앞바다도 몰려드
  는 명태. 볼이 붉고 등이 넓으며 알배기가 많다.
- 섣달받이 : 음력으로 섣달 초순에 함경도 연안에 몰려드는 명태
- 구태 : 지난해의 명태
- 신태·햇태 : 올해에 새로 잡은 명태

잡는 방법에 따라
- 그물태·망태 : 그물로 잡은 명태
- 낚시태·연승태·조태 : 낚시(주낙)로 잡은 명태
- 시망태·자망태 : 그물태, 망태 외 그물로 잡은 명태

잡는 지역에 따라
- 간태 : 강원도 간성 앞바다에서 잡은 명태
- 강태 : 강원도에서 잡은 명태
- 근태·연안태·지방태·토종태 : 우리나라 가까운 바다에서 잡은 명태
- 부산바리 : 부산에서 올라온 명태
- 북양태·원양태 : 육지에서 멀리 떨어진 넓고 큰 바다에서 잡히는 명태
- 북어 : 북쪽 바다에서 잡은 명태
- 진태 : 동해안에서 잡은 명태

잡은 크기에 따라
- 꺽태 : 산란하여 뼈만 남은 명태
- 노가리·아기태·애기태·애태·앵치 : 어린 명태
- 애태·소태·중태·대태·왕태 : 크기에 따라 부르는 명칭
- 왜태 : 다 자란 어른 명태지만 크기가 작은 명태
- 이리박이 : 이리(배 속에 있는 흰 정액 덩어리)로 배가 부른 수컷 명태
- 홀태 : 배 속에 이리나 알이 없어 홀쭉한 명태

가공 방법에 따라
- 간명태·염태 : 소금에 절인 명태
- 건명태·건태·북어 : 말린 명태. 대표적인 명태 생산지가 원산이고 바짝 마른 상태가 말뚝처럼 단단해서 '원산 말뚝'이라고도 한다.

- 골태 : 잘못 말려 속이 붉고 딱딱하게 마른 명태
- 관태 : 싸릿가지로 쭉 꿰놓은 명태
- 구데기태·코랑태 : 여름에 말려 쿰쿰한 냄새가 나는 명태
- 깡태 : 황태가 되는 중 얼지 않고 말라서 수분이 다 빠져나가 딱딱하게 마른 명태
- 낙태 : 걸어놓은 덕장에서 바람을 이기지 못하고 떨어진 명태
- 난태·알태 : 알을 가진 명태
- 노랑태·더덕·더덕북어·황태·황태북어 : 산간 덕장에서 얼렸다 녹이기를 반복해가며 말린 명태. 얼부풀어 더덕처럼 마른 것을 더덕, 더덕북어라고 한다.
- 동명태·동태 : 잡아서 얼려 보관한 명태
- 먹태·흑태·찐태 : 말리는 동안 날이 따뜻해서 흑색으로 변한 명태. 안개가 잦고 햇볕을 덜 받아서 검게 마른 명태.
- 무두태 : 머리를 잘라내고 몸통만 말린 것이거나, 건조하는 도중에 머리가 떨어져 나간 명태
- 바닥태 : 해풍으로 말린 명태
- 반찬태 : 반찬으로 쓰는 명태
- 백태 : 말리는 동안 날이 추워서 하얗게 마른 명태
- 북횟어·북홍어 : 얼려 말린, 가장 품질이 좋은 명태
- 생명태·생태 : 얼리거나 말리지 않는 자연 그대로의 명태
- 선태 : 갓 잡은 싱싱한 명태
- 짝태 : 명태의 배를 갈라서 내장을 빼고 소금에 절여서 넓적하게 말린 명태
- 코다리 : 꾸덕꾸덕하게 반쯤 말린 명태
- 통태·봉태 : 내장을 빼지 않고 통째로 말린 명태
- 파태 : 흠집이 생기거나 일부가 잘려나가 부서진 명태

이외에도 명태가 금값처럼 비쌀 때는 '금태', 많이 잡힐 때는 산처럼 많이 쌓인다고 '산태'라고 부르는 등 지방마다 다르게 부르는 이름이 더 있습니다.

- 명태는 입이 큰 물고기라 대구과 어류로 분류된다.
- 명태는 한해성 어류라 주로 연평균 수온이 10℃ 이하인 우리나라 동쪽 바다와 일본 북쪽 바다, 그리고 러시아와 가까운 오호츠크해, 베링해 등에서 서식한다.
- 명태는 떼를 지어 일정한 경로로 헤엄쳐 가고 오는 일을 반복하는 회유성 어류이다.
- 수심 200~600m에 사는 명태는 한 번에 20만~100만 개까지 알을 낳는다.
- 명태라는 이름의 기원은 '명천 지방의 태씨 성을 가진 어부가 잡은 물고기'라는 이야기가 가장 널리 알려져 있다.

2장 명태는 어떻게 국민 생선이 되었을까?

검푸른 바다 바다 밑에서
줄지어 떼 지어 찬물을 호흡하고
길이나 대구리가 클 대로 컸을 때
내 사랑하는 짝들과 노상
꼬리치고 춤추며 밀려다니다가
어떤 어진 어부의 그물에 걸리어
살기 좋다던 원산 구경이나 한 후
이집트의 왕처럼 미이라가 됐을 때
어떤 외롭고 가난한 시인이
밤늦게 시를 쓰다가 소주를 마실 때
그의 안주가 되어도 좋다.
그의 시가 되어도 좋다.
짜악 짝 찢어지어
내 몸은 없어질지라도
내 이름만 남아 있으리라.
명태라고 이 세상에 남아 있으리라.

가곡 〈명태〉의 노랫말입니다. 〈명태〉는 한국전쟁이 한창이던 1950년대에 시인 양명문이 쓴 글에 작곡가 변훈이 곡을 붙이고, 성악가 오현명이 불러 많이 알려진 노래예요. 1952년 가을 부산에서 열린 어느 음악회에서 처음 발표되었어요. 지금은 널리 알려져 많은 사람에게 사랑을 받고 있지만, 갓 소개되었을 때는 노래 분위기가 그 이전에 나왔던 가곡들과 매우 달라서 큰 박수를 받지는 못했다고 해요. 조용하고 서정적인 분위기가 주를 이뤘던 이전 가곡들과 달리, 〈명태〉는 시원시원하고 호탕한 느낌을 주는 곡이었거든요. 차분한 가곡에 익숙했던 관객들이 〈명태〉를 거북하게 느꼈던 거죠. 무대에서 노래가 울려 퍼지는 동안 관람석 곳곳에서 웃음이 터져 나오기도 했다니, 그 시절로서는 꽤 파격적인 노래였나 봐요. 하지만 지금은 가곡 〈명태〉를 웃음거리로 여기는 사람은 없습니다. 오히려 빼어난 가곡이라고 칭송하죠. 노랫말도 고단하기 그지없던 그 시절 한국인의 삶을 명태의 처지에 빗대어 매우 잘 표현한 작품이라고 높이 평가받고 있어요. 노랫말을 가만히 음미해보면, 명태와 희로애락을 함께해 온 한국인의 정서를 재치와 익살스러운 노랫말로 정말 잘 녹여냈구나 하는 생각이 듭니다.

명태는 우리 바다에 언제 처음 나타났을까?

군이 여러 기록을 찾아보지 않더라도 가곡 〈명태〉가 1950년대에 만들어진 사실로 미루어, 명태는 그보다 훨씬 전부터 한국인의 밥상에 자주 오르는 친숙한 생선이었다고 짐작할 수 있습니다. 명태라는 이름은 《부북일기》《승정원일기》《신증동국여지승람》 등의 문헌에서 등장해요. 학자들은 문헌에 적힌 기록을 토대로, 조선 초기 무렵 우리나라에 명태가 처음 나타났다고 판

단합니다. 명태가 출현한 뒤 얼마 동안은 **잡어**로 취급되어 명태가 잡히는 지역, 민간에서만 먹었다고 해요. 조선 중기를 지나면서 **진상** 물품에 포함되었고, 다른 지역으로도 차츰 알려지기 시작했다고 합니다.

조선 후기가 되면 명태의 어획과 수요는 더욱 많이 늘어납니다. 명태를 가공하는 양도 많아지고 다른 지역으로도 더욱 활발하게 유통되었죠. 조리 방법도 다양해져 명태를 가리키는 이름도 점점 많아졌어요. 잡는 시기나 방법, 생산지, 가공하는 방법에 따라 각각 다른 명칭을 붙였기 때문이에요. 별명이 그렇게 많다는 건 명태가 그 정도로 쓰임이 많고 사람들 관심이 집중된 중요한 생선이었다는 의미겠지요.

명태 무역은 어떻게 시작되었을까?

보관 방법이나 유통 시설이 전통적인 수준에 머물렀던 시절, 명태라는 생선은 처음에는 존재도 잘 알려지지 않았어요. 명태가 사람들이 좋아하고 즐겨 먹는 대표 생선으로 확실하게 자리매김한 때는 조선 후기 무렵인데, 17~18세기에 오랫동안 계속된 이상기후와 그로 인한 흉년이 큰 영향을 미쳤다는 의견이 지배적입니다. 이 무렵 조선은 **소빙하기**라고도 불릴 만큼 기후 변화가 심했고, 가뭄 등의 자연재해가 매우 자주 발생했어요. 기상 이변이 해마다 계속되었고 번번이 흉년으로 이어졌는데, 특히 함경도 지방이 극심해서 그 지역 사람들은 목숨을 부지하기 어려울 정도로 굶주림에 시달렸답니다. 함경도는 그러잖아도 추워서 농작물이 잘 자라기 어려운 지역이었어요. 게다가 해마다 **냉해**가 계속되니 이 지역 백성들 살림살이는 극도로 궁핍했죠. 나라에서도 백성들을 구제하기 위해 온갖 노력을 해야 했어요. 하지만 전국적으로 지속한 기상 이변 탓에 나라 전체 살림이 어려워져서, 극심하게 굶주리는 함경도 백성들을 계속 돌봐주기 곤란한 지경에 이르렀다고 합니다. 미리 장만해 두었던 **진휼미**도 바닥을 드러냈고 다른 지역에서 나는 곡식을 모을 길도 없었다니, 그야말로 설상가상이었죠.

현종개수실록 24권, 현종 12년(1671년) 8월 22일 경자 2번째 기사.
「… 교리 조위봉이 아뢰기를 "진휼용 저축이 이미 떨어졌고, 유민과 농민 둘 다 보존하기가 어려운 형편입니다." …」
©국사편찬위원회

이때 조정에서 임금과 신하들이 모여 이 어려움을 어떻게 하면 극복할 수 있을지 궁리한 끝에 나온 해결책이 명태 무역입니다. 명태 무역은 남쪽 지방에서 나는 곡식과 함경도에서 많이 나는 명태를 서로 교환하는 방법이에요. 한랭한 기후가 계속되어 농사는 해마다 흉년이었지만, 함경도 바다에서는 명태가 점점 더 많이 잡혔기 때문에 가능한 일이었어요. 전례를 찾아보기 힘든 추위가 이어지니까 함경도 바다는 도리어 찬물을 좋아하는 명태가 서식하기에 더없이 좋은 환경이 되었던 거죠.

명태 무역으로 백성들을 구제하고자 했다는 사실로 두 가지를 유추할 수 있어요. 하나는 그 시절에 이미 명태를 가공할 줄 알았다는 거예요. 당시는 냉장시설도 갖춰지지 않았던 시절이잖아요. 겨울 한 철 생선인 명태를 곧바로 말려 썩지 않게 하는 방법을 터득하지 못했다면, 명태가 상하지 않게 다른 지역으로 운반할 수 없었을 테죠. 달리 생선을 저장할 수단이 마땅치 않았을 시절에 겨울 한 철 풍성하게 잡히는 명태를 어떻게 하면 오래 보관할 수 있을지 궁리한 끝에 생각해 냈을 방법, 이것이 바로 차가운 겨울바람에 생선을 말리는 동건법(동결건조법)이에요. 명태 무역이 활발하게 이루어져 곤궁한 나라 살림에 보탬이 되었다는 점으로 미루어, 그 시절 명태가 전국으로 유통될 수 있을 만큼 도로가 어느 정도 닦여 있었다고 여겨져요. 유통망이 마련되어 있으니 한반도의 변두리 지역인 함경도에서 생산되는 명태를 전국 거의 모든 지역에서 즐겨 먹을 수 있었던 거죠. 다른 지역으로 실어나를 길이 막막했다면 '변방 생선' 명태가 '국민 생선'으로 자리매김하기는 어려웠을 거예요.

왜 우리나라 사람들은 명태를 좋아할까?

세계에서 명태를 즐겨 먹는 나라는 우리나라가 유일하다는 걸 알고 있나요? '맛있기로는 청어, 많이 먹기로는 명태'라는 말이 있을 정도로 명태는 우리나라 사람들이 가장 많이 먹고 가장 좋아하는 생선이에요. 지금은 세계 최대 명태 생산국이라는 타이틀을 내려놓았지만, 세계 최대 명태 소비국임에는 변함이 없어요. 우리나라 사람들이 한 해 동안 소비하는 명태는 무려 30만 톤에 이르는데, 한국인이 이렇게 명태를 많이 소비하는 이유는 유독 국물 요리를 좋아하는 식습관 때문이라고 추측하기도 합니다. 사실 명태는 기름기가 많지 않은 생선이라, 살만 먹었을 때 느껴지는 풍미보다 물을 넣고 끓였을 때 우러나는 국물맛이 훨씬 더 좋거든요. 국물 요리를 즐겨 먹지 않는 다른 나라 사람들은 명태의 참맛을 몰라보고 맛없는 생선으로 취급하는 경우가 많아요. 하지만 국물 요리에 일가견이 있는 우리나라 사람들은 물을 넣

북어포가 올라간 제사상

고 끓였을 때 더 담백하고 시원한 맛이 우러나는 명태의 진가를 일찍이 알아 봤어요. 그래서 국물 요리의 주인공으로 명태를 자주 캐스팅하게 된 거죠.

그렇다고 해서 명태의 진가가 국물 요리에서만 발휘된다는 뜻은 절대 아닙니다. 우리나라 사람들은 명태가 머리부터 꼬리까지 부위별로 쓰임이 있고, 각각 색다른 맛을 내는, 단 한 군데도 버릴 게 없는 생선이라는 걸 진작

사례탐구 명태가 등장하는 우리 설화

명태는 제사나 고사 등에 거의 빠짐없이 쓰였어요. 말린 명태는 오래 보관해도 상하지 않기 때문에 전국으로 유통할 수 있었다는 점도 이유 중의 하나일 거예요. 천지신명에게 음식을 바칠 때는 어느 한 군데도 버려져서는 안 된다는 믿음이 있었기 때문이라고 짐작하기도 합니다. 명태는 바짝 마른 후에도 머리와 눈이 온전해서 더욱 신성하게 여겨졌고, 머리부터 꼬리까지 단 한 군데도 버려지는 부위가 없어서 정성을 다할 제물로 쓰기 좋았어요.

다음 이야기는 명태가 제물로 쓰일 때 얼마나 신성하게 다뤄졌는지 알려주는 설화입니다. 강원도 횡성군 갑천면 포동리 지역에 전해오는 이야기예요. 오래전부터 이 마을에서는 집마다 시루떡과 북어포를 상에 올려놓고 산신제를 지내 왔대요. 하루는 어떤 집 며느리가 산에 치성을 드리려고 북어를 미리 준비해 두었는데, 시어머니가 그 북어에서 눈알만 쏙 빼서 먹었어요. 며느리는 그 사실을 까맣게 모른 채 제를 지내러 산으로 올라가다가 그만 뱀을 보았어요. 화들짝 놀라 달아나다가 호랑이까지 만났고요. 결국, 며느리는 제사도 지내지 못하고 집으로 돌아오고 말았어요. 며느리로부터 이 일을 전해 들은 시어머니는 북어 눈을 빼서 먹은 사실을 털어놓고 두 번 다시 치성드릴 음식에 손을 대지 않았다고 합니다.

에 알아봤어요. 명태 곳곳을 요모조모 살펴, 말리거나 절이는 등 여러 가지 방법으로 전혀 다른 식감을 지닌 가공품으로 탄생시키고, 끓이거나 찌는 등 조리법을 달리해서 색다른 맛을 내는 요리로 만들기도 하는데, 그 종류를 일일이 늘어놓을 수 없을 정도죠.

원래 우리나라 사람들은 비늘 없는 생선을 제사에 쓰지 않아요. 하지만 명태는 비린내가 나지 않고 말려도 제 모습을 잃지 않는 점이 높이 평가되었죠. 그래서 비늘이 없는 생선인데도 명태는 관혼상제와 같은 중요한 의식 상차림에 빠지지 않고 올라간답니다.

다른 나라에서는 명태를 먹을까?

우리나라와 지리적으로 가까운 중국과 일본, 러시아는 어떨까요? 이들도 명태를 즐겨 먹지는 않습니다. 중국에서는 명태가 잡히지 않으니까, 중국 사람들이 명태에 대해 잘 모르고 즐겨 먹지 않는 건 자연스러운 일이에요. 수온이 낮아 명태가 살기 좋은 바다를 보유하고, 명태 어획량이 상당한 일본과 러시아에서도 의외로 명태를 즐겨 먹진 않습니다. 심지어 러시아는 최근에 최대 명태 생산국이 되었는데도요.

중국인들이 가장 즐겨 먹는 생선은 잉어입니다. 옛날이나 요즘이나, 명태에 관해서는 잘 몰라요. 명태를 '몸집이 작은 대구'라는 뜻인 '밍 타이 위'라고 부르지만, 대구와 구분하기 위해 붙인 이름일 뿐 음식 재료로는 사용하지 않습니다.

러시아인들이 명태를 좋아하지 않는 이유는 명태가 다른 생선에 비해 기름기가 적고 팍팍하다고 느껴서래요. 명태가 무척 많이 잡히는 나라인데도 명태에 관해 잘 모르는 것은 중국과 러시아가 크게 다르지 않습니다. 명태가 러시아에 알려진 시기는 우리나라 명란 요리가 일본에 전파된 시기보다 조금 늦었으리라고 짐작돼요. 아마 중국을 통해서 전해졌을 텐데, 러시아 사람들이 명태를 중국의 '밍 타이 위'와 비슷한 발음 '민따이'라고 부르는 게 그 근거입니다. 우리 바다에서 명태가 사라지는 바람에 러시아는 이제 세계 최대 명태 생산국이 되었지만, 여전히 명태를 먹기 좋은 생선으로 여기지 않아요. 그럼 그 많은 명태를 모두 어디에 쓰는 걸까요? 러시아에서 생산되는 명태는 거의 전량이 우리나라로 수출됩니다. 현재 우리나라에서 소비되는 명태의 90% 이상이 러시아산이에요. 러시아인들은 명태를 요리 재료로 생각하기보다 한국에 수출해서 외화를 벌어들이는 상품으로 생각하죠.

일본인들이 명태를 좋은 음식 재료로 여기지 않는 까닭은 명태가 특히 날것으로 먹기에 적절하지 않기 때문입니다. 명태는 기생충이 많은 데다, 잡히

▌ 일본의 멘타이코와 한국의 명란젓은 겉보기에 큰 차이가 없다.

자마자 신선도가 떨어지기 시작해 부패하기 쉽거든요. 불과 몇십 년 전까지만 해도 일본은 잡은 명태 대부분을 잘게 다져서 어묵을 만드는 재료로만 썼어요. 지금은 명태 부위별로 조리법을 개발하기도 했고, 옛날보다 어획량이 현저히 줄어든 우리나라로 수출하는 게 훨씬 이익이 되기 때문에 어묵 재료로는 거의 쓰지 않아요. 요즘은 일본의 몇몇 지방에서 멘타이코라는 명태알 요리를 즐겨 먹는다고 알려졌어요. 하지만 이 또한 일본 사람들이 오래전부터 즐겨 먹던 음식은 아니랍니다. 멘타이코는 일본인들이 우리나라 개항기에 드나들면서 명태의 알로 만드는 명란젓을 배워서 그들의 입맛에 맞도록 응용해 만든 요리예요. '멘타이'는 우리말로 명태, '코'는 우리말로 알이라는 뜻입니다. 여전히 일본 사람들은 명태 살을 즐겨 먹지 않는데, 예전처럼 명태를 하찮은 생선으로 여기지는 않아요. 우리 동해에서 명태가 잡히지 않게 되면서부터 우리나라로 수출해서 외화벌이를 해주는 생선으로 인식하죠.

명태가 지천이던 우리나라, 지금은?

우리나라 사람들은 바다에서 나는 그 많은 생선 중에 왜 유독 명태를 사랑할까요? 국물 요리에 어울리는 생선이 명태만은 아닐 텐데 말이에요. 대구, 조기, 문어, 오징어, 갈치, 고등어, 도루묵 등 당장 떠오르는 생선이 이렇게 많은데, 어째서 명태를 가장 좋아하게 되었을까요? 단순하게 답하자면, 우리나라에서 가장 흔한 생선이었기 때문입니다. 흔한 생선인 만큼 값도 쌉니다. 그래서 명태가 백성의 물고기가 된 것이지요 만약 명태가 구하기 어려운 값비싼 생선이었다면, 부자들의 밥상에만 올라가고 백성들은 바라만 봐야 하지 않았을까요? 상류 계층만 먹을 수 있는 생선이었다면, 다양한 방법으로 가공되어 갖가지 풍미를 내는 수많은 요리로 거듭나지도 못했을 겁니다. 별칭이 그렇게 많이 생길 리도 없었겠죠.

그런데 이렇게 사랑받던 명태가 이제는 우리 바다에서 잡히지 않는 귀한 물고기가 되었습니다. 불과 몇십 년 전만 해도 우리나라 바다에서 개체 수가 가장 많은 물고기였는데 말이에요. 조선 후기 최고 회의 기관이었던 비변사의 업무 내용을 기록한 《비변사등록》이나 조선 시대 지방 행정 문서를 정리한 《각사등록》 등에서 그 사실을 확인할 수 있어요. 기록에 따르면 함경북도의 명태가 다른 지역에서 나는 곡식과 거래되었다고 해요. 이로써 명태가 조선 시대부터 한반도 동해에서 풍부하게 잡혔다는 사실을 알 수 있습니다. 이후 명태 어획량은 꾸준히 늘어 1980년대 초에는 한 해에 16만 톤이 잡힌 적도 있다고 해요. 그렇게 많이 잡히던 명태가 지금은 우리 바다에서 감쪽같이 사라져서, 혹시 멸종되어가는 게 아닌지 염려될 정도예요. 어획량이 너무 줄어 2000년경부터는 우리 바다에서 얼마나 잡히는지 통계조차 내지 못하고 있답니다.

그렇다고 해서 명태가 한국인의 밥상에서 사라진 건 아니에요. 여전히 명태 요리는 단골 메뉴로 올라와요. 하지만 요즘 우리 밥상에 오르는 명태는 우리 바다에서 잡은 우리 명태가 아니랍니다. 다른 나라 바다에서 잡혀 우리나라로 팔려온 다른 나라 명태예요. 덕분에 다른 나라에서는 맛없는 생선으로 홀대받던 명태가 귀하신 몸이 되어 우리나라 수산물 시장에서 융숭한 대접을 받고 있습니다. 동해산 우리 명태가 해 오던 일을 다른 나라 명태가 대신하는 거죠. 불과 몇십 년 전만 해도 우리 바다에서 가장 많이 잡히고, 가장 많이 소비되던 명태는 이제 우리나라에 가장 많이 수입되는 생선입니다.

3장 명태가 어떻게 나라 경제를 뒷받침했을까?

사실 명태는 한국인의 밥상에 그 이름을 올린 지 그리 오래되지 않았어요. 반만년을 자랑하는 우리나라 역사에서 조선 초기 무렵에 이르러서야 그 이름이 등장하죠. 함경도 명천에 사는 한 어부의 낚시에 걸려 올라왔다가 백성들의 밥상에 제일 자주 오르내리는 생선이 되기까지는 그리 긴 시간이 걸리지 않았습니다. 그만큼 명태가 짧은 시간에 대단한 영향을 끼쳤다는 의미겠죠. 명태는 서민들 사이에서 놀라운 속도로 알려지기 시작하여 금세 한국인의 입맛을 사로잡았어요. 값도 저렴해 형편이 넉넉지 못한 사람들도 어렵지 않게 맛볼 수 있는, 참 고마운 생선이었죠.

그런데 말이에요. 아무리 흔하고 값싼 생선이어도 겨울 한 철, 그것도 동해에서만 잡히는 물고기가 어떻게 그렇게 짧은 기간에 빠르게, 그리고 널리 전파될 수 있었을까요? 생선을 상하지 않게 오래 보관할 수 있는 시설은 물론이고, 먼 거리까지 재빨리 실어나를 수 있는 교통수단이 턱없이 부족했을 그 시절에 명태 유통은 어떻게 그렇게 활발하게 이루어질 수 있었을까요? 먼저 그 시절 명태 어장 사정을 살펴보고, 더불어 **어로기술**은 또 얼마나 발달해 있었는지 알아보기로 해요.

흉년을 버티게 해준 명태 무역

지금까지 발견된 문헌들에 따르면 명태잡이가 활기를 띠기 시작한 시기는 조선 중기 무렵으로 보입니다. 왜 하필 이 시기에 명태잡이가 활발해졌을까요? 학자들은 이 무렵 조선에 이상기후가 있었다는 점을 유심히 보았어요. 앞장에서도 얘기했듯이 17세기 즈음, 조선은 소빙하기라고 불릴 정도로 한랭한 기후가 지속되었답니다. 농작물이 잘 자랄 수 없을 만큼 추운 기후가 계속되어 조선은 매년 지독한 흉년을 겪었어요. 한랭한 이상기후는 전국에 걸쳐 발생했는데 특히 북쪽, 그중에서도 함경도 지방이 극심했대요. 안 그래도 추운 곳에서 계절을 가리지 않고 눈과 서리가 빈번하게 내리니, 농사가 잘될 턱이 없잖아요. 전국이 매년 이상기후에 시달리니 함경도뿐 아니라 온 나라 안에 먹을 양식이 부족한 건 불 보듯 뻔했습니다. 조정에서도 굶주리는 백성들을 도우려고 했지만, 무상으로 식량을 나눠주다 보니 재정적으로 감당하기 어려운 지경에 이르렀어요.

그런데 제일 극심한 흉년에 시달리는 함경도 지역 바다에서 명태만은 풍성하게 잡혔다고 해요. 명태는 수온 1~10℃ 이하의 차가운 물에서 사는 한해성 어류라고 했던 이야기 기억하나요? 사계절의 변화가 뚜렷한 한반도에 난데없이 한랭한 기후가 계속되니 곡물은 잘 자라지 못했지만, 찬물을 좋아하는 명태가 살기에는 더없이 좋은 바다 환경이 만들어졌던 거지요. 주로 한반도 최북단인 함경도 지역에서 잘 잡히던 명태가 함경도 이남인 강원도 삼척 바다까지 내려와, 명태 어장도 많이 늘어났다고 합니다. 함경도와 강원도 바다에서 명태가 얼마나 많이 잡히는지, 명태를 다른 지역 물품과 바꾸는 물물거래가 흔하게 이루어졌어요. 명태가 어느 순간부터 자연스럽게 화폐처럼 쓰이기 시작한 겁니다. 나라 살림이 바닥을 드러내 큰 시름을 앓던 조정에서도 궁리 끝에 농작물로 걷던 세금을 명태로 대신하게 하고, 명태와 쌀을 바꿔 먹도록 권장하기에 이릅니다. 명태 무역이 성행하기 시작한 거죠.

한반도의 이상기후는 18세기까지 계속되었어요. 전라도와 경상도 등 남쪽 지방에서 나는 쌀과 함경도, 강원도 등 북쪽 지방에서 나는 명태를 바꾸는 무역은 더욱 활발해졌답니다. 그러니 곡식이나 다른 물품과도 바꿔 먹을 수 있을 뿐 아니라, 세금으로도 낼 수 있는 명태를 조금이라도 더 많이 잡아 올리려는 노력이 얼마나 절실했겠어요? 유통 시설은 물론 유통 경로도 미흡했을 그 시절에 명태가 그렇게 빨리 전국으로 퍼질 수 있었던 원인으로 명태 어획량이 풍부해서 값이 싸다는 점도 작용했지만, 그 무렵 지속한 이상기후가 더 큰 영향을 미쳤다고 볼만 하죠. 명태가 사회풍습을 바꾸고 나라의 위기 상황을 극복하는 데까지 영향을 끼친 겁니다.

조선 후기 실학자 서유구가 쓴 《난호어목지》에는 "명태를 겨우내 말려 동해안 원산에 모아 두었다가 배나 말에 실어 각지로 운반하는데, 그것을 옮기기 위해 원산에는 밤낮으로 인마의 왕래가 끊이지 않았다."라는 기록이 있고, 또 이규경의 《오주연문장전산고》에는 "명태를 말린 건제품이 전국에 유통되는데 매일의 반찬으로 삼고 **여염**뿐 아니라 **유가**에서도 이를 제사에 쓴다."라고 되어 있습니다. 이를 보더라도 그 시절 명태가 얼마나 널리 유통되었으며, 민간에서는 물론 상류층에서도 얼마나 쓰임이 많았는지 알 수 있어요.

그렇다면 그 시절 어로기술이 얼마나 발달했었기에, 깊은 바닷물에서 사는 명태를 그렇게 많이 잡아 올릴 수 있었을지 궁금해지지 않나요? 명태가 굶주림에 허덕이는 백성들과 바닥난 나라 살림에 도움을 줄 정도였다면, 어획량이 정말 어마어마했을 테니 말입니다. 그 시절 어민들은 어떻게 그렇게 많이 잡아 올릴 수 있었을까요?

명태는 어떻게 잡을까?

명태의 어원을 살필 때 봤던 《임하필기》는 사실 명태에 관해 자세히 알려 주는 기록은 아닙니다. 하지만 "명천의 태씨 성을 가진 어부가 물고기를 낚아 함경북도 도백에게 드리도록 했다."라는 이 짧은 기록 속에서 그 시절 어민들이 어떻게 명태를 잡았을지에 관한 답을 찾을 수 있어요. 눈치챘나요? 그래요, 낚시입니다. 그 시절 어민들은 낚시로 명태를 잡았어요. 하지만 낚시로는 명태 어획량을 올리는 데 어려움이 있었을 거예요. 낚시는 한 번에 많은 양의 물고기를 잡는 데 한계가 있으니까요.

명태를 대량으로 어획하기 전에는 주낙이란 도구로 잡아 올렸다는 기록이 있어요. 주낙은 모릿줄이라 불리는 긴 줄에 일정한 간격으로 지네 발처럼 가짓줄을 달고 그 끝에 바늘과 미끼를 달아 물속에 늘어뜨리는 도구예요. 긴 낚싯줄 끝에는 무거운 추를 달아 낚싯줄이 바닷속 깊은 곳까지 내려갈 수 있도록 해요. 이 도구를 가지고 물고기를 잡는 방법을 연승이라고 합니다. 지금은 어선들이 첨단장비를 갖춰서 물고기가 많이 모이는 장소나 물고기 떼가 움직이는 방향 등을 확인해가며 물고기를 잡지만, 그 시절에는 오로지 어민들이 경험으로 터득한 기술에만 의지했습니다. 첨단장비도 없이 낚싯줄만으로 명태를 잡았다니 정말 놀라운 일이죠.

▎ 주낙에 낚인 물고기

　연승은 외줄낚시와 비교하면 한 번에 여러 마리를 낚을 수 있는 낚시법이에요. 하지만 점점 늘어나는 명태 수요를 모두 감당할 수 있을 만큼 많은 양을 잡는 데는 한계가 있었을 겁니다. 연승을 하기 위해서는 어민 5~6명 정도가 한배에 올라요. 하루에 연승을 세 번 하고, 즉 '명태 어장을 세 바퀴 돌며 낚시를 하고' 항구로 돌아온다고 해요. 하지만 이런 방법으로는 잔뜩 굶주리는 서민들의 배를 불리고, 다른 지역으로 유통할 정도로 명태를 많이 잡을 수는 없었겠죠? 명태가 나지 않는 철을 대비해 가공하거나 비축할 수 있을 만큼 풍족하게 잡기는 더욱더 어려웠을 테고요. 어민들은 명태를 더 많이 잡기 위해서 새로운 방법을 궁리하기 시작했습니다. 그때 어망이 등장했어요. 어망은 쉽게 말하면 그물인데, 어조망과 자망이라는 두 가지 종류가 있어요. 이 또한 문헌에 자주 나오는 명칭입니다.

집중탐구 어망은 무엇으로 만들까?

나일론 같은 화학섬유가 발명되기 전이었던 조선 시대에는 마나 삼의 껍질로 일일이 새끼를 꼬아 어망을 만들었어요. 나중에는 솜을 자아서 만든 무명실이 쓰이기도 했지만, 무명실로 만든 어망은 오래 쓸 수 없었습니다. 염분이 많은 바닷물에 들어가면 쉽게 삭아버렸으니까요. 그래서 나무껍질을 달여 만든 물에 무명실을 담갔다가 그물을 만들었어요. 그렇게 하면 코팅이 된 것처럼 무명실에 단단한 막이 생겨 그물이 잘 끊어지지 않았다고 합니다. 화학섬유가 발명되면서부터 무명실로 만든 그물은 쓰이지 않았어요. 대신 질긴 화학섬유로 만든 그물이 등장해서 명태 어업은 더욱더 많은 어획량을 자랑하게 됩니다.

어조망은 칡넝쿨 섬유로 만든 그물이에요. 다른 이름으로 중선망이라고도 불립니다. 모양은 원추처럼 생긴 자루 같아요. 명태잡이는 주낙에 의존하다가 명태 수요가 많아지면서 어조망으로 명태를 잡는 방식으로 발전했어요. 배 양쪽 측면에 어조망을 매달고 명태가 많이 잡히는 곳으로 이동해 닻으로 배를 고정한 뒤, 조류를 따라 이동하는 명태가 어망 안으로 들어가기를 기다렸다가 그물을 들어 올려 잡는 방법이에요. 이 방법은 주낙으로 명태를 잡는 것보다 한 번에 훨씬 많은 명태를 잡을 수 있었어요.

하지만 갈수록 명태 수요가 많아지니 어민들은 어조망도 성에 차지 않게 되어 나중에는 자망을 이용한 명태잡이를 시작합니다. 자망은 잡고자 하는 물고기 몸통보다 그물코를 작게 만들어서 물고기가 그물코에 걸리도록 만든 그물이에요. 해 질 무렵에 바다에 나가 설치해 두었다가 다음 날 아침에 걷어 올려 명태를 잡습니다. 자망을 명태가 다니는 길목에 설치해 그곳을 지나는 명태가 그물코에 걸리도록 한 것이지요. 연승처럼 자망에도 추를 매달아 그물이 바다 깊은 곳까지 내려가도록 합니다. 그물을 내려 둔 곳에는 깃발 등으로 부표를 띄워 표시해 둡니다. 자망을 이용하면 어조망으로 명태를 잡을 때보다 훨씬 더 많은 명태를 잡을 수 있었습니다. 자망 어업은 19세기 중간 무렵부터 시작되어 일제 강점기 즈음 더욱 활기를 띠었다고 하니, 우리나라 자망 어업의 역사는 불과 100여 년 정도예요.

▌ 바닷속에 설치된 자망의 모습

자망을 이용한 어업을 마냥 긍정적으로 볼 수만은 없습니다. 자망 어업은 명태 어획량을 엄청나게 늘리는 데 크게 이바지했지만, 한편으로는 우리 바다에서 명태가 사라지게 하는 데에도 영향을 끼친 것으로 보이거든요. 자망 그물코를 너무 촘촘하게 해서 어린 명태까지 잡았기 때문이죠. 자망 어업 기술은 나중에 **저인망**을 사용하는 어업으로 발전해 다 자란 명태는 물론 어린 명태까지 남기지 않고 싹쓸이하기에 이르렀어요.

명태 덕분에 먹고 사는 사람들

1980년경부터는 GPS 같은 **어군탐지기**까지 갖춘 **기선**이 등장합니다. 명태잡이 기술이 발전함에 따라 명태 어획량도 해마다 늘어 1970~1980년대에는 한 해 평균 10만 톤 이상의 어획량을 기록해요. 어획량이 늘어나니 가공기술도 발달해, 명태는 각각 다른 식감을 지닌 여러 가지 가공품으로 탈바꿈해 먹거리 시장의 중요 품목이 되었습니다. 명태가 어민의 손에서 가공업자의 손으로 넘어와 어떻게 가공되고, 어떻게 유통되느냐에 따라 각각 다른 값으로 팔려나갑니다. 요즘도 우리나라에서 한 해에 소비되는 명태가 25~30만 톤에 이른다고 해요. 소비량이 많은 만큼 중요한 산업으로 자리매김하여 나라 경제를 살찌우는 데 도움을 줘요. 그러니 명태가 우리나라 안에서 차지하는 경제적 가치가 얼마나 큰지, 대충 가늠해 볼 수 있을 겁니다.

명태와 관련된 직업으로 생계를 잇는 사람들을 떠올려 볼까요? 명태를 잡아 소득을 올리는 어민, 어민으로부터 명태를 공급받아 수산물 가게에서 명태를 파는 사람들, 여러 용도에 맞게 가공하거나 또 그 가공품을 판매하는 사람들, 이 모든 과정에서 명태의 유통을 책임지는 사람들, 명태 혹은 명

고성 명태 축제

해마다 10월이면 우리나라 강원도 고성군에서 특산물 축제가 열립니다. 한때 전국 명태 어획량의 70%를 차지할 정도로 명태가 많았던 지역인 만큼, 명태를 고성군의 상징 물고기로 정하고 널리 알리기 위해 1999년부터 시작한 행사예요. 요즘은 주로 10월 중순이나 하순 무렵에 열리지만, 예전에는 군내의 10여 개 항구를 돌아가며 정월 대보름 전후 3일 동안 열렸습니다.

명태 축제에서는 명태 요리 시식회, 명태 할복 대회, 명란젓·**창난젓** 담그기 체험 등 관광객이 직접 참여하는 행사를 다양하게 진행합니다. 명태의 맛과 어촌 문화를 함께 즐길 수 있어요. 지역 수산물 및 농특산물을 관광 상품으로 만들어서 지역 경제에도 도움을 줍니다.

태 가공품을 가지고 갖가지 요리로 만들어 파는 사람들……. 이 모든 사람의 소득을 명태가 책임져 줍니다. 이렇게 명태는 명실공히 우리나라 경제를 뒷받침해주는 중요 산업품목으로 자리 잡았어요. 어떤 시기에는 굶주리는 백성에게 끼니를 이을 길을 열어 주었을 뿐 아니라, 비어가는 나라 금고를 채워주는 구실도 했었죠. 우리나라의 사회, 경제, 문화 전반에 걸쳐 긍정적인 에너지를 제공해 주기도 했고요.

가난이 익숙했던 때에 어민들에게 풍요를 선물하고 보잘것없었던 서민들의 밥상을 채워준 우리 바닷물고기로 조기와 고등어도 빠뜨릴 수 없습니다. 조기와 고등어도 해마다 봄이 되면 해류를 타고 우리나라 남쪽 바다에 떼를 지어 몰려와 어민들을 행복하게 해주었습니다. 냉동보관시설을 갖추지 못했

▍노끈으로 엮인 굴비. 소금에 약간 절여 통으로 말린 조기를 굴비라고 부른다.

을 때, 바로 소비할 수 없을 정도로 어획량이 많아서 소금에 절여 보관하는 염장 기술을 동원해야 했지요. 그래서 조기나 고등어가 많이 잡히는 바다 인근 지역에서는 집마다 '간독'이라 불리는 생선 보관 창고를 갖추고 있었어요. 특히 조기는 일정 시간 소금에 절였다가 말려 새로운 식감을 지닌 음식 재료로 가공했는데요. 이것이 바로 한국인이 즐겨 먹는 굴비입니다. 굴비를 만들려면 일일이 사람 손을 거쳐야 하고 마르는 시간도 필요하므로, 굴비는 조기보다 훨씬 비싼 값으로 유통되었어요. 조기와 고등어는 한 해에 몇 개월밖에 잡히지 않았지만 일 년 내내 어민들의 살림을 든든하게 해줬죠. 조기는 가공하고 판매하는 사람들의 생계도 책임져 주었답니다. 하지만 이런 조기의 풍요도 명태의 풍요에는 비할 바가 못 되었어요.

명태 수요가 늘면서 어로기술은 더욱더 빠른 속도로 발전하기 시작해, 단기간에 엄청난 어획량을 확보하며 우리나라 명태 산업이 발전하는 데 큰 힘이 되었습니다. 바다 깊은 곳에 있는 물고기 떼를 찾아주는 첨단 기계가 발명되자, 1980년경에는 명태 어획량이 한 해 16만 톤에 이를 정도로 엄청나게 증가했어요. 하지만 첨단 탐지 기계까지 갖춘 저인망 어선이 바다 깊은 곳까지 훑어 명태를 잡다 보니, 결과적으로 우리 바다에서 명태가 사라지는 데 주된 역할을 한 셈이 되었습니다.

명태뿐 아니라 우리가 흔하게 먹던 조기와 고등어도 어획량이 점차 감소해 지금은 쉽게 밥상에 올리기 어렵습니다. 줄어드는 어획량도 문제지만 그것보다 더 큰 걱정거리는 물고기 크기가 점점 줄어든다는 거예요. 특히 조기가 매년 눈에 띄게 작아지고 있어요. 조기가 한창 잘 잡히던 때에는 크기가 30cm 정도 되는 개체들이 많았습니다. 요즘엔 조기 크기가 대부분 20cm 내외라고 합니다. 예전에는 3년 정도 자란 뒤에야 알을 낳을 수 있었는데, 지금은 조기의 성숙 나이가 줄어들어 두 살 정도만 되어도 알을 낳기 때문이래요.

어획량이 줄어드는 건 그만큼 개체 수가 줄어들었다는 의미예요. 학자들은 물고기들이 완전히 성숙하기 전에 알을 낳는 현상을 연구하고, 물고기들이 종족 번식을 위해서 덜 자란 상태에서도 알을 낳기 때문에 일어난 결과로 파악했습니다. 높은 명태 어획량을 유지하기 위해서는 어족자원을 보호하려는 노력이 먼저라는 사실을 사람들이 잊은 사이, 멸종 위기에 놓인 물고기들이 종족을 보존하기 위해 체질, 몸바탕까지 바꾼 것은 아닐까요? 여러분은 조기의 크기가 왜 점점 줄어든다고 생각하시나요?

일제 강점기에서 벗어나 분단을 겪은 후에는 명태 어장이 함경도 이남으로 줄어들어 명태잡이 어민들의 어획량이 감소하기도 했어요. 하지만 강원도 해역에서 나는 명태만으로도 남한 지역에서 일어나는 수요를 감당하기에 부족함이 없었습니다. 물론 우리 동해에서 명태가 모조리 사라지기 전의 이야기죠. 우리 바다에서 명태가 흔적을 감추기 전까지, 강원도 항구에 어마어마하게 쌓이던 명태가 어떤 과정을 거쳐 가공되고 유통되었는지, 이제는 명태가 가공되는 풍경을 그려 보겠습니다.

- 조선에 흉년과 기근이 극심했던 때에 명태는 굶주린 백성을 구휼하는 역할도 했다.
- 예전에는 주낙으로 명태를 잡았지만, 소비가 많이 증가하면서 중선망으로도 불리는 어조망을 명태잡이에 이용하다가, 이후에는 자망 어업이 성행했다.
- 자망은 짧은 기간에 명태 어획량을 늘리는 데 크게 이바지했지만, 이후 한반도 바다에서 명태가 사라지게 하는 데도 주된 역할을 했다.
- 명태 어획량이 늘면서 명태는 어획, 가공, 유통, 판매에 이르기까지 각 부분에 소득을 일으키는 중요 산업품목이 되었다.
- 분단 후 명태 어장은 함경도 이남으로 축소되었지만, 국내 명태 수요를 감당하기에는 충분했었다.

4장 명태는 어떤 과정을 거쳐 가공될까?

조선 후기부터 엄청난 어획량을 자랑하게 된 명태는 항구에 도착하는 즉시, 생태로 팔리거나 쓰임에 따라 나누어 가공되는 과정을 거쳤습니다. 하지만 잡히는 양이 워낙 많다 보니 여러 사람이 나누어 감당해도 벅찰 지경이었죠. 그래서 어획은 물론 가공·보관·판매에 이르기까지, 명태 어업을 계획적으로 관리하고 운영할 필요가 생깁니다. 마치 공장에서 물품을 만들어 내듯, 명태잡이도 질서를 이루며 규모가 큰 산업으로 자리를 잡기 시작했어요.

명태 어업의 산업화

산업처럼 규모가 커진 명태잡이는 크게 두 가지 형태로 전문적인 경영이 이루어졌어요. 하나는 어민들끼리 힘을 모아 함께하는 공동 경영이고, 다른 하나는 큰돈을 가진 자본가에 의해 이루어지는 경영 방식이에요. 어민들이 겨울 한 철 바다로 나가 **조업**을 하려면 준비 과정부터 꽤 많은 돈이 필요했습니다. 어민 혼자 감당할 수 없는 액수였어요. 그래서 여러 사람이 공동으로 돈을 모아 **출어**를 하거나, 부유한 자본가에게 투자를 받는 방식 중 하나를 선택해야 했죠. 그런데 공동 경영 방식은 잡은 어획물을 고르게 나누어

가지는 방법이라서 규모가 그리 크지 않았고 이익을 많이 내기도 어려웠다고 해요. 그래서 대부분 명태잡이는 자본가에 의해 무척 큰 규모로 이루어졌고, 이런 경우에는 어민들이 자본가에게 고용된 임금 노동자의 성격을 띱니다. 어로 작업이 끝나면 일정액의 임금을 받기로 계약하는 형태였죠. 어민들을 고용한 자본가는 약속한 임금 외에도 작업하는 동안 어민들에게 필요한 물품(담배, 장화, 방한구 등)도 제공해 주었다고 합니다.

명태잡이 작업에 종사하는 사람들은 대부분 함경도와 강원도 출신 어민들이었어요. 그중에서도 특히 함경도 사람들이 많았는데요. 명태잡이가 혹한기에 이루어지는 일이기 때문이었다고 해요. 명태는 우리나라 동해에서 겨울철에만 잡히기 때문에 춥디추운 겨울 한 철, 길어야 2~3개월 동안만 어획할 수 있거든요. 그런데 추위에 단련되지 않은 다른 지방 어민들은 그 혹독한 겨울 바다 추위를 감당하기 어려워했답니다. 함경도 어민들은 오랫동안 추위에 길든 사람들이라서 모진 한파를 견뎌낼 수 있었을 뿐 아니라, 거센 풍랑도 무서워하지 않을 만큼 기질도 용맹스러웠어요. 그래서 명태잡이 사업에 나선 자본가들은 명태 철이 시작되기도 전에 임금의 30~40%를 선금으로 주면서까지 함경도 어민들을 미리 잡아 두려고 노력했다고 합니다.

명태 어획과 가공의 분업

출어를 나간 명태잡이 배가 **만선**으로 돌아오면, 잡아 온 명태는 어민들이 직접 가공하지 않고 전문가공업자들에게 맡겨요. 대개 명태를 중개인에게 팔고, 명태를 산 중개인은 가공업자에게 위탁해서 처리하는 방식이었죠. 어민들 대부분은 명태를 잡기만 했을 뿐 이후 가공 과정에는 참여하지 않았던 겁니다. 왜 그랬을까요?

첫 번째 이유는 명태를 잡은 사람이 직접 가공할 겨를이 없기 때문이에요. 명태잡이는 짧은 기간에 대량의 명태를 잡아 올리는 일이니까요. 잡은 명태를 가공하는 데 드는 시간과 노동력을 줄어 한 번 더 나가는 데 쓰는 거죠. 둘째는 어민들이 명태 가공 작업에 드는 자재나 노동력, 자금 등을 감당할 수 없기 때문이고요. 동건법은 기후의 영향을 많이 받아 전문적인 기술이 요구되는 데다, 지형이나 바람량·일조량, 그리고 교통 여건 등을 고려해 설비를 미리 갖춰야 하는 어려움도 있다고 해요. 마지막으로, 가공된 명태 제품은 상황에 따라 가격이 오르내릴 수 있어서 어민들이 감당하기에는 위험부담이 컸어요. 이런 까닭에 어민들은 명태 가공 과정에 잘 참여하지 않았습니다.

이처럼 조선 후기 명태 산업은 어업과 제조(가공) 과정이 뚜렷하게 구분됩니다. 공동 경영 방식을 택한 어민들은 출자한 만큼 어획물을 나누는 방법으로 이익을 내고, 사업주에게 고용된 어민들은 임금 노동자처럼 명태잡이를 하는 동안 일정한 임금을 받는 방법으로 벌이를 합니다. 어느 쪽이든 명태 어업에 종사하는 어민들은 명태를 잡아 오는 일에만 몰두했죠.

명태는 어떻게 가공될까?

명태잡이 배에서 항구로 올려진 명태는 곧바로 실외 건조장으로 옮겨집니다. 명태를 말리려고 **덕**을 매어놓은 실외 건조장을 덕장이라고 부르고, 덕장을 운영하는 사람을 덕주 혹은 덕업자라고 하죠. 덕장은 대개 명태를 어획해 온 어민들에 의해 운영되지 않고 전문적인 제조업자에게 맡겨졌어요. 앞에서도 이야기했듯 건조 시설을 갖추려면 큰돈이 들기 때문이었습니다.

덕장을 어떻게 만들기에 그렇게 큰돈이 드는지 알아볼까요? 덕장을 만들 때는 기계를 이용하지 못하고 대부분 사람 손을 빌려야 하므로 옛날 방법이나 요즘 쓰는 방법이나 거의 차이가 없습니다.

덕장이 언제 처음 생겼는지는 뚜렷하게 밝혀진 게 없어요. 함흥과 원산·명천 등지에서 처음 생겼으리라고 짐작할 뿐이랍니다. 한국전쟁 때 원산 지방에서 덕장을 하던 사람들이 피란을 와서 원산과 기후가 비슷한 강원도 인제군 용대리에 덕장을 지으면서 남한에 명태덕장이 시작되었다고 알려졌죠.

명태는 겨울 동안 차가운 바람에 얼려서 말려야 하므로, 덕장은 가능한 한 바람이 매섭게 부는 골짜기에 만듭니다. 우리 바다에 명태가 풍성하게 잡히던 시절에는 강원도 산골 골짜기마다 명태가 주렁주렁 매달린 덕장이 즐비했답니다. 하지만 우리 바다에서 명태가 사라진 뒤로는 덕장도 많이 사라

▌ 강원도 강릉의 명태덕장

졌어요. 예전보다는 수가 줄어들었지만, 요즘도 강원도 인제군 산골 마을은 국내 최대 명태덕장이 있는 곳으로 유명합니다.

겨울 동안 눈을 맞혀 가며 차가운 바람에 명태를 말리는 방법은 우리나라 만의 고유하고 독특한 가공법이에요. 이렇게 명태를 말리는 방법이 동건법 이에요. 동건법으로 말린 명태를 북어라고 부르는데요. 북어는 동건 과정을 거치는 동안 기후가 어땠는지에 따라 품질이 달라집니다. 추운 겨울에 어떻 게 생선이 마를까 싶지만, 명태는 기온이 영하 10℃ 아래로 내려가는 강추위 속에서 말라야만 더 좋은 제품으로 인정받아요. 기온이 영상으로 올라가면 명태가 녹아서 말라비틀어지기 때문에 보기 좋은 모양으로 마르지 못할 뿐 아니라 상할 우려도 있고 맛도 떨어져요. 그래서 잘 건조된 명태의 질을 좌 우하는 건 동해안의 그해 겨울 날씨랍니다.

강원도 산골의 무서운 **골바람**과 15℃ 이상 되는 일교차, 폭설 등이 명태를 건조하는 데 탁월한 조건이 되지요. 그래서 날씨가 영하 10℃ 이하로 떨어져 야만 덕장에 명태를 거는 작업을 했는데, 요즘에는 겨울에도 강원도 기온이 그 정도로 떨어지는 날이 많지 않아 어려움이 많다고 합니다. 다만 덕장을 만드는 기초작업만큼은 땅이 얼기 전에 해야 하므로, 강원도 산골에 혹한이 오기 전인 11월에 시작해요. 이 작업이 덕장을 만들 때 제일 중요합니다. 명 태를 걸기 위해 구멍을 파고 거기에 굵직한 덕목을 세워야 하기 때문이죠. 덕 목을 튼튼하고 곧게 세워야만 꽁꽁 언 명태 수천 마리를 걸더라도 쓰러지지 않고 버틸 테니까요. 요즘은 덕목을 세울 때 중장비를 동원하기도 하지만, 그 외 나머지 작업은 모두 사람 손으로 해야 해요. 덕목이 쓰러지지 않고 반 듯하게 서도록 흙을 채우고 단단하게 다진 뒤 상덕과 하덕, 2개 층으로 수평

황태의 효능

명태는 원래 단백질이 풍부한 생선이에요. 식품의약품안전처에서는 우리가 먹는 식품들의 영양성분을 조사해서 공개하고 있는데, 식품 100g당 단백질 함유량은 생태가 17.5g, 북어가 61.7g, 황태가 80.3g이라고 해요. 겨울에 찬 바람을 맞으며 마르는 동안 황태가 명태보다 단백질 함량이 높아지는 거죠. 덕장에 걸린 명태가 얼면 수분이 건조되는 동안 영양분은 함께 날아가지 않기 때문이랍니다. 특히 황태에는 단백질은 물론 칼슘이나 인, 칼륨처럼 몸에 좋은 영양성분이 더욱더 많아져요. 그뿐만 아니라 필수아미노산 성분이 많아 간을 해독하는 데에도 무척 탁월해요. 술 마신 어른들이 황탯국을 즐겨 드시는 이유는 맛이 깔끔하고 시원하기 때문이기도 하지만, 황태에서 우러난 국물로 간을 해독하기 위해서랍니다.

기둥을 얹습니다. 그리고 일일이 끈으로 단단하게 묶어 고정하는데, 사람이 하나하나 손으로 해야 하므로 속도가 잘 나지 않을뿐더러, 엄청난 힘과 요령이 필요해요. 덕목은 수분을 머금고 꽁꽁 언 명태 무게도 감당해야 하고 이따금 내리는 폭설도 견딜 수 있어야 하기 때문이죠. 그래서 덕목을 세우는 데만 꼬박 한 달 정도가 걸린다고 합니다.

덕장을 짓는 작업은 해마다 초겨울 즈음에 시작되는데, 초여름이 되면 다시 해체했다가 겨울에 또 짓기를 반복합니다. 명태 말리는 작업이 끝나면 서너 달 동안 여름 농사를 짓기도 하지만, 덕장을 그대로 두면 여름 동안 내리는 비에 나무가 썩어버리거든요. 황태를 만드는 일은 농사만큼이나 시기가 중요합니다. 자칫 때를 놓치기라도 하면 모든 수고가 헛일이 될 수도 있어요. 그래서 덕장을 지어 명태를 말리는 동안은 집에서 기르는 개도 일손을 보태야 한다는 말이 있을 정도죠.

덕장이 완성된 뒤에는 기온이 적어도 영하 5℃ 이하로 유지되기를 기다립니다. 날씨가 따뜻할 때 명태를 걸면 명태가 상할 수 있기 때문이에요. 또 바람이 건조하고 차가울 때 말려야만 명태가 좋은 품질의 황태로 거듭날 수 있기도 하고요. 명태가 마르는 동안 폭설까지 내려 주면 더없이 좋아요. 건조하고 매서운 겨울바람은 명태의 비린내를 없애주고, 내린 눈은 명태 살 속으로 겹겹이 파고들어서 살을 부드럽게 만들어 준다고 합니다. 그래서 덕장을 운영하는 덕주들은 명태가 마르는 동안 폭설이 내리고 매서운 칼바람이 불어주기를 고대한답니다. "황태의 80%는 하늘이 만들어 준다."라는 말도 있는데, 자연의 도움 없이 사람의 힘만으로는 황태 맛을 제대로 낼 수 없기 때문이에요. 자연과 사람의 수고 외에 그 어떤 첨가물도 보태지 않은 순수한 천연 가공품, 황태. 이 정도면 엄지 치켜세우며 자랑할 만하죠?

예전에 명태가 많이 잡힐 때는 강원도 동해안 인근 바다 모래턱에 덕장을 지어 해풍에 명태를 말린 적도 있어요. 그래서 태풍이나 해일이 일어 큰 피해를 보기도 했답니다. 1968년 10월 24일 오전부터 25일까지 만 24시간 동안 속초항에 유례없는 해일과 폭풍우가 몰아쳤을 때가 대표적인데, 지금은 평지에 있는 덕장을 찾아볼 수 없습니다.

덕장에서 명태를 동결건조하려면 먼저 명태 배를 갈라 내장을 꺼내는 작업을 거쳐야 해요. 명태 머리는 그대로 두고 아가미 바로 밑에 칼을 넣어 항문까지 가른 뒤 알과 간, 그 외 내장을 모두 꺼내 각각 다른 그릇에 담습니다. 내장을 다 뺀 명태는 바닷물이나 인근 계곡물에 씻은 뒤 20마리씩 묶어

❚ 명태는 차가운 바람에 얼리면서 말린다.

덕에 매달죠. 요즘은 환경오염 때문에 계곡물로 씻는 것을 금지했어요. 명태를 할복하고 씻는 일은 대개 부녀자들에 의해 이루어졌는데, 어떤 이들은 하루에 약 4,000마리를 처리할 정도로 능숙했다고 해요. 일한 품삯은 명태 알을 가져가는 것으로 대신할 때가 많았고, 나머지 내장과 눈알은 덕장 주인 몫으로 남겨두었다고 합니다. 어떤 덕장에서는 알 대신 창자를 품삯으로 넘겨주기도 했고요.

　명태의 아가미, 내장, 알 등을 어떻게 썼기에 덕장에서 품삯 대신 내어줬던 걸까요? 명태의 내장과 알은 내장탕이나 알탕의 재료로도 쓰이지만, 대부분은 염장법으로 가공되었어요. 염장법은 소금과 고춧가루를 이용한 가공 방법이에요. 흩어지지 않아 겉모양이 온전한 명태 알을 골라, 소금을 뿌리고 고춧가루를 더해 병에 담아 보관합니다. 내장을 저장할 때도 고춧가루 비율을 더 높일 뿐 명란을 저장하는 방법과 크게 다르지 않아요. 다만 내장

속 오물을 제거하는 작업이 번거로워서 같은 양이라도 값은 명란보다 비싸요. 만드는 데 손이 많이 들기 때문이죠. 이렇게 가공된 명태 알과 내장이 바로 한국인이 사시사철 즐겨 먹는 명란젓과 창난젓이랍니다. 아가미를 염장한 것은 '아감젓' 또는 '서거리젓'(강원도)이라고 불러요. 명태의 **이리로**는 **고지**젓도 담그고, 명태의 눈으로 담근 태안젓도 있지요. 염장을 마친 명태 알과 내장, 아가미 등은 바다에서 멀리 떨어진 육지로 수송해도 상할 염려가 없었어요. 덕분에 명태 가공품들은 육로나 해로를 통해 함경도에서 강원도, 경기도, 충청도, 전라도, 경상도 등 전국으로 팔려나갈 수 있었습니다.

명태를 평지에서 빨리 말리면 살이 하얀 북어가 되지만, 한겨울 산골 덕장에서 3~4개월 동안 얼었다 녹기를 되풀이하며 말리면 살이 노릇노릇한 황태가 됩니다. 황태는 본래 명태가 지니고 있던 칼슘과 단백질·아미노산 성분이 4배 가까이 많고, 인이나 철·칼륨 성분도 몇 배나 된다고 해요. 맛이 좋아지는 것은 물론이고요. 가공되기 전의 명태가 그냥 보통의 먹거리였다

집중탐구 **명태 간으로 만든 기름, 간유**

명태를 가공하는 과정에서 꺼내는 장기 중에 간도 있습니다. 명태 살에는 지방질이 많지 않지만, 간에는 지방이 풍부합니다. 명태 간은 끓여서 기름을 만드는데, 전기가 없던 시절에는 주로 불을 밝히는 용도로 썼어요. 명태 간유는 불포화지방산이 풍부하고 지용성 비타민 함량이 높아 약재로 많이 쓰입니다. 특히 비타민 A가 대구 간유에 비해 세 배 정도 많아서 꾸준히 먹으면 시력이 좋아지는 효과도 있어요.

면, 건조 가공을 거친 황태는 고품질의 상품으로 거듭나는 셈이죠.

또 명태를 말리는 동안 날씨가 너무 추우면 살이 하얀 백태가 되고, 날씨가 따뜻하면 살이 검게 변한 흑태, 얼었다 녹기를 반복하며 마르면 살이 노랗게 되어 황태가 됩니다. 같은 바다에서 잡힌 명태라도 황태가 되면 최고의 맛과 영양을 지닌 고품질 명태로 평가되어 가장 비싼 값으로 팔려나가요. 말린 명태는 싸리 꼬챙이에 끼워서 묶는데 이를 관태 작업이라고 합니다. 20마리 묶인 것을 1쾌라고 불러요.

명태를 잡는 시기는 늦가을부터 이른 봄까지, 명태가 우리 동해에 나타나는 시기와 같아요. 명태를 가공하는 일도 같은 시기에 이루어집니다. 명태를 찬 겨울바람에 말려야만 제맛을 낼 수 있기 때문이에요. 늦가을과 겨울에 잡은 명태는 동건 처리하지만, 봄철에 잡힌 명태는 보통 생태로 팔거나 염장 처리해서 판매해요. 날씨가 점점 따뜻해지는 봄철에는 찬 바람에 명태를 말리지 못하니까요.

이렇게 우리나라 명태 산업은 어획과 가공이 철저하게 분업화되어 이루어졌어요. 생산 주체인 어민과 돈을 댄 자본가, 가공업자 덕주, 가공 과정에 참여하는 작업자 등이 명태가 여러 가지 가공식품으로 거듭나기까지 일을 분담합니다. 요즘은 명태가 거의 잡히지 않기 때문에, 덕주들은 러시아산 수입 동태로 황태를 만듭니다.

예전에는 북어가 주로 통째로 유통되었어요. 그래서 가정에서 북어를 요리하려면 딱딱한 북어를 방망이로 두들겨서 부드럽게 만들고, 껍질을 벗겨 살을 먹기 좋은 크기로 떼어내는 수고를 들여야 했어요. 요즘에는 가공 공장에서 북어를 아예 용도에 맞게 손질해서 부위별로 포장한 상품을 내놓으

요즘은 북어나 황태 살을 먹기 좋은 크기로 가공한 상품도 많이 판매된다.

므로, 원하는 부위만 사서 요리하기에 무척 편리합니다. 소비자의 기호와 요구에 맞게 가공하는 공정이 증대되어, 가공업에 필요한 기술과 노동력도 함께 늘어났죠. 명태 요리를 하는 사람이나 먹는 사람이 부위별로 선택할 수 있는 폭도 넓어졌어요. 전통적인 명태 요리뿐 아니라 명태를 응용한 퓨전요리가 속속 개발되어, 명태는 한국인들에게 더욱 친근하고 인기 있는 먹거리가 되었어요.

명태는 굶주린 사람들의 배를 채워주기도 했고, 어민들에게는 든든한 생계 수단이 되어 주었어요. 명태 어획량이 많아지면 많아질수록 가공품도 증가해 더 많은 소득을 이루게 해줬습니다. 나라 살림을 거들어 준다고 해도 지나치지 않을 정도로, 명태는 단순한 먹거리 이상의 주요 산업품목이었어요. 그런데 그런 명태를 이제는 우리 바다에서 찾아볼 수 없게 되었습니다.

불과 몇십 년 전만 해도 겨울철이면 강원도 항구를 들썩이게 해주었던 그 많은 명태는 어디로, 왜 사라졌을까요? 이제 명태가 사라진 우리 바다로 가 볼까요?

- 우리나라 명태 산업은 어획과 가공이 분리되는 형태로 발전했다.
- 조선 후기 명태를 잡는 어민들은 공동 출어 방식, 또는 임금 고용 방식으로 소득을 얻었다.
- 명태덕장을 만드는 모든 공정은 일일이 사람 손을 거쳐야 한다.
- 매서운 골바람, 일교차, 폭설 등이 좋은 품질의 황태를 만든다.
- 명태를 말리기 전에 꺼낸 알과 내장 등은 염장하여 젓갈로 만든다.

5장 명태는 왜 우리 바다에서 사라졌을까?

불과 30여 년 전만 해도 우리나라 강원도는 명태의 고장이었습니다. 특히 강원도 고성군 거진과 대진 앞바다는 명태가 엄청나게 많이 잡히는 곳으로 이름난 바다였어요. 우리나라 한 해 명태 어획량의 절반가량이 이곳에서 생산되었을 정도였죠. 그래서 고성 사람들은 겨울 한 철만 명태를 잡아도 1년 동안 생계 걱정을 하지 않아도 되었다고 합니다. 거진 사람들 스스로가 "그때는 명태가 밥도 먹여 주고 아이들 학교도 보내 주었다."라고 말할 정도예요. 거진항과 대진항뿐 아니라 명태잡이 배가 드나드는 겨울철 강원도 항구에는 명태가 산처럼 쌓이는 날이 수두룩했답니다. 명태잡이가 한창일 때는 명태가 발에 걸려 장화를 신지 않고는 항구를 걸어 다닐 수 없을 정도였고, 생선을 그렇게 좋아하는 고양이도 명태를 거들떠보지 않을 정도였다고 해요. 개가 명태를 물어가도 어민들이 쫓아가지 않았다니, 상상만 해도 마음이 풍요로워집니다.

우리나라에 겨울이 오면 다른 지역 사람들은 몸을 웅크리고 지냈지만, 강원도 동해 어민들은 동해로 떼 지어 몰려드는 명태 덕분에 도리어 활기가 넘쳤습니다. 강원도 어민들뿐 아니라 다른 지역 어민들도 강원도의 항구로 모여들어 활기를 보냈죠. 그래서 겨울만 되면 강원도 바다에는 명태잡이 배가 가득 떠 있는 진풍경이 벌어졌고, 만선으로 돌아온 배가 명태를 산처럼 쏟아붓곤 했답니다. 오죽하면 명태를 '산태'라고까지 불렀겠어요? 덕분에 항구는 항구대로, 덕장은 덕장대로 명태가 그득해서 그 시절에는 강원도 전체가 온통 명태 밭처럼 보일 정도였다고 합니다. 이때부터 겨우 30여 년밖에 지나지 않았는데, 우리나라가 명태 대국이라는 말은 이제 전설 같은 이야기가 되어 버렸어요.

명태가 사라졌다

우리나라에서 명태가 가장 많이 잡혔던 때는 1970~1980년대예요. 그 시절에는 바다로 나간 어민들이 하루에 명태 몇천 마리씩 잡는 것은 예사였고, 강원도 동해에서만 전국 명태 총소비량을 감당하고도 충분히 남을 만큼 잡혀서 강원도 항구에는 거지가 없다는 말도 있었어요. 그런데 1990년경부터 명태 어획량이 감소하기 시작하더니, 2007년 이후부터는 명태가 거의 잡히지 않습니다. 이제는 겨울철이 되어도 다른 지역 어민들이 명태를 잡겠다고 동해로 모여들지 않아요. 명태가 그렇게 많이 잡히던 고성군에서조차 명태를 잡아 생계를 이어가는 어민은 찾아볼 수 없게 되었죠. 명태가 잡히지 않자 다른 물고기를 잡거나, 아예 다른 곳으로 떠나 버렸기 때문이에요. 아직도 강원도에서 어업에 종사하는 사람들은 다른 물고기를 잡으며 명태가 날마다 풍어를 이루던 때를 그리워합니다. 겨울만 되면 명태가 산처럼 쌓여 있던 항구에는 명태가 있던 자리를 도루묵과 양미리가 대신했어요. 그러면 명태로 생계를 잇던 어민들이 도루묵과 양미리로 밥벌이를 하게 되었을까요? 어민들이 명태가 사라진 겨울 바다에서 도루묵과 양미리 등을 잡아 생계를 잇는 것은 사실이지만, 명태가 풍성하게 잡히던 때의 풍요로움에는 한참 미치지 못한다고 합니다.

그뿐 아니라 동해 어장 상황은 오랜 경험을 통해 터득한 어민들의 기억이 소용없어져 버렸을 정도로 전에 볼 수 없던 일들이 벌어지고 있어요. 차가운 동해에서 난류성 어종들이 잡혀 올라오는가 하면, 동해에서 풍성하게 어획되던 오징어가 난데없이 서해에서 잡히기도 하는 등, 몇십 년 동안 고기잡이를 하여 바람과 조류의 변화를 꿰뚫는 어민들도 도무지 영문을 알 수 없는 일들이 벌어지고 있답니다. 철에 따라 질서정연하게 움직이던 바다 해류가 혼란에 빠진 것처럼 보일 정도예요.

알을 낳은 바다로 되돌아오는 습성을 가진 명태는 전 세계에 세 무리가 있다고 해요. 한 무리는 알래스카의 베링해와 북미에 걸쳐 사는 무리이고,

▍ 도루묵

오호츠크해에서 사는 무리, 일본 동북부와 한국 동해에서 사는 무리도 있습니다. 이 중 우리나라에서 잡히던 명태는 동해 먼바다에서 살다가 북한의 원산 앞바다로 헤엄쳐 와 알을 낳고 이동하거나, 오호츠크해에서 내려왔다가 이동하는 무리예요. 그런데 이 두 무리가 몽땅 우리 바다에서 사라져 버렸어요. 이제는 우리 동해에서 그토록 풍성하게 잡히던 명태를 구경조차 할 수 없게 되었습니다. 그 때문에 예전에는 상상조차 할 수 없던 일이 벌어지고 있습니다. 명태가 사라지기 전에는 강원도 바다에서 어획된 명태가 육로나 해로를 통해 남쪽 지방으로 실려 내려갔는데, 이제는 거꾸로 우리나라 남쪽 항구에서 북쪽 지방으로 올라가요. 러시아산 명태가 우리나라 부산 감천항으로 들어오기 때문입니다.

러시아산 명태

명태가 넘쳐나던 옛날이나, 몽땅 사라져 버린 지금이나 명태는 여전히 우리 밥상에 자주 올라오는 인기 메뉴예요. 하지만 요즘 우리 밥상에 올라오는 명태는 거의 다 러시아산 냉동 명태예요. 우리가 명태를 수입하는 나라는 러시아·미국·일본 등지인데, 이 중 97%가 러시아산이에요. 같은 명태라도 동해에서 잡힌 명태와 러시아 해역에서 잡힌 명태는 크기도 다르고 맛도 달라요. 러시아산 명태는 동해에서 잡히던 우리 명태보다 크기는 훨씬 크지만, 맛이 덜하답니다. 우리 어민들이 러시아 해역에서 가서 잡아 오는 명태, 즉 원양태들도 마찬가지예요.

러시아산 명태가 예전에 우리가 먹던 동해산 명태 맛에 가까워지게 하려면 명태를 냉동시키지 않고 냉장 상태로 들여와야 하는데, 러시아 명태가 우리나라 부산항에 도착하기까지는 적어도 5~6일 정도 걸린다고 합니다. 명태가 부산항에 도착한 뒤에도 명태를 창고에 보관한 채 검역소에서 수산물 품질검사를 마치고 **통관절차**까지 거쳐야만 해요. 안전한 수산물임이 확인되고 관세법에 따라 세금 납부도 끝난 상태여야만 시장으로 유통될 수 있어요. 그러므로 명태를 수입할 때는 냉동시키지 않고 신선도를 유지할 방법이 없답니다. 이것이 사람들이 여전히 명태를 즐겨 먹으면서도 옛날 우리 명태 맛을 그리워하는 까닭이에요. 우리 바다에서 명태가 잘 잡히던 때에는 생명태 요리 먹는 일이 그리 어렵지 않았거든요.

　한국인이 즐기던 옛날 우리 명태 맛에 훨씬 미치지 못하는데도, 러시아산 냉동 명태는 해마다 수입되는 양이 늘어요. 한국인의 명태 사랑이 좀처럼 식지 않기 때문이죠. 강원도 고성군에서 열리는 명태 축제에서조차 러시아산 명태를 쓰는 형편이에요. 우리 바다에서 명태가 모조리 사라졌기 때문이죠. 도대체 그 많던 명태가 어디로, 왜 사라져버린 걸까요? 지금도 러시아와 일본 해역에서는 잡히는 명태가 왜 우리 바다에서는 잡히지 않는 걸까요?

기후 변화

　명태와 같은 냉수성 어류를 연구하는 학자들은 명태가 우리 바다에서 갑자기 사라진 첫 번째 이유로 지구 온난화를 꼽습니다. 지구 온난화로 인한 기후 변화 때문에 동해 바닷물 온도가 1.7℃가량 상승해서 명태가 살기에 적합하지 않은 환경이 되었다는 거죠. 명태는 수심 300~600m 정도 깊이에서 살다가 알을 낳을 때는 100m 정도 깊이의 표층으로 올라와 알을 낳는 습성이 있어요. 그런데 동해의 표층 온도가 올라 명태가 알을 낳기에 적절하지 않은 바닷물로 바뀐 거예요. 그러니까 바다 수온 상승이 명태 자원 감소를 불러온 겁니다. 우리나라 국립수산과학원 보고에 따르면 1968년부터 2005년까지 한반도 주변 바다는 평균 표층 수온이 전체적으로 0.9℃ 정도 올랐어요. 수온 상승은 거기에서 그친 게 아니라 이후에도 꾸준히 올라서, 예전에볼 수 없던 일들이 바다 전체에 일어나고 있습니다. 이를테면 서해나 남해에서 잡히던 고기가 강원도 고성 앞바다에서 잡히거나, 동해에서 잡히던 오징어가 서해에서 잡히는 일이 생기는가 하면 한류성 어류인 청어가 따뜻한 남해에서 잡히는 일이 벌어지고 있어요. 명태가 그득했던 동해 연안에는 흑새치나 백미돔 같은 아열대성 어종이 잡히기도 해요.

　의견을 달리하는 학자들도 있습니다. 동해 앞바다 표층수 온도가 1℃

▌ 지구 온난화가 점점 심해지면서 극지방의 빙하도 빠르게 녹아 사라지고 있다.

정도 올라간 것은 사실이지만, 명태가 주로 서식하는 심해 온도는 도리어 0.5℃ 정도 내려갔다고 해요. 알에서 깨어나 1년쯤 자란 명태는 수면에서 200m 아래로 내려가 사는데, 명태가 생애의 대부분을 지내는 바다 깊은 곳 환경은 크게 변하지 않았다는 겁니다. 우리 바다에서 명태가 몽땅 사라진 것은 수온 변화가 주원인이 되었다기보다, 어린 명태까지 마구잡이로 잡아들인 게 더 큰 이유로 작용했으리라는 것이죠.

남획

명태가 우리 바다에서 사라진 원인으로 꼽히는 또 다른 이유는 어민들이 명태를 너무 무자비하게 많이 잡아들였다는 점이에요. 즉 남획 때문인데요. 다 자란 명태만 잡아 올린 것이 아니라 노가리, 즉 아직 다 자라지 못한 명태까지 촘촘한 그물로 바다 밑바닥까지 훑어가며 마구잡이로 잡아들였기 때문이라고 주장하는 사람들이 많습니다. 한 마디로 명태의 씨를 말려 버렸다는 거예요. 실제로 엄청난 명태 어획량을 올리던 1970년대 후반에서 1980년대 초반에는 어민들이 잡아 올린 명태 중 대부분은 노가리였고, 다 자란 어른 명태는 많아야 30% 정도였다고 합니다. 수온 변화가 없었더라도 명태 자원이 온전하게 보전될 수 있었을까요? 앞서 알아봤듯이 명태는 한 번 알을 낳을 때 최고 100만 개까지 낳습니다. 지구 온난화의 영향을 고려하더라도, 어린 명태를 그토록 함부로 잡아들이지만 않았다면 명태가 지금처럼 몽땅 우리 바다에서 자취를 감추지는 않았으리라는 주장이 나오는 이유죠.

덕장에서 명태를 동결건조시키는 일, 즉 '명태 동건 상품 제조업'은 우리나라에서 가장 대표적인 수산제조업이에요. 앞에서 살펴보았듯 이 일은 막대

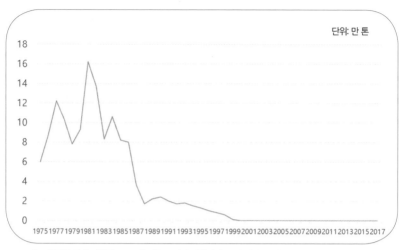

단위: 만 톤

▌ 연도별 명태 어획량. 1999년 이후로 명태 어획량이 거의 없다. ⓒ해양수산부

한 자금이 들어가는 일이라 전문제조업자인 덕주들에 의해 산업 규모로 이루어졌습니다. 어민들이 어린 명태까지도 마구 잡아들였던 데에는 노가리를 술안주 등으로 즐겨 먹는 우리나라 사람들의 식습관도 큰 몫을 했지만, 이런 산업 구조 역시 한몫 거들었다는 의견도 있습니다. 명태가 점점 줄어드는 바다에서 어민들이 수입을 늘리기 위해서는 당장은 어린 명태라도 잡아들이는 일이 쉬웠을 테고, 덕주들 또한 술안주 등으로 잘 팔려나가는 어린 명태를 마다하지 않고 사들였으니까요.

고양이도 명태를 거들떠보지 않았을 만큼 명태가 많이 잡히던 시절에, 나중을 위해서 어린 명태는 잡지 말아야 한다는 생각을 조금이라도 가졌더라면 좋았을 거예요. 하지만 어민들은 아무 거리낌 없이 노가리를 잡아들였고, 일부 어민들은 노가리는 명태가 아니라고 억지 주장까지 펼쳤어요. 정부는 정부대로 어린 명태를 잡지 못하게 만들기는커녕, 오히려 '노가리 포획금지령'을 폐기해 버렸죠. 노가리는 새끼 명태가 아니라는 어민들 편을 들어 준 거예요.

정부가 그런 결정을 한 데는 나름대로 사정이 있었습니다. 그 시절에는 우리 어민들이 북한 해역을 오가며 고기잡이를 하는 일이 빈번해서 북한에 억류되는 사건도 잦았고, 북한과의 갈등이 심해지곤 했어요. 정부는 더는 그런 일이 생기지 않도록 **어로한계선**을 이전보다 조금 더 남쪽으로 내려 정할 수밖에 없었다고 합니다. 그런데 이로 인해 또 다른 문제가 생겼어요. 명태 어장이 좁아져 어획량이 줄어들었다는 어민들의 원성이 날로 높아지는 거예요. 정부는 어민들을 달래기 위해서 하는 수 없이 노가리를 잡아도 좋다고 허용해 줬어요. 어민들이 "만약 남한에서 잡지 않으면 북한에서 다 잡을 거

생각해 보기

수자원을 보호하기 위해 수산동식물을 포획하거나 채집하지 않도록 금지하는 기간을 금어기라고 합니다. 연간어획량과 어획물의 크기를 제한하기도 하지만 산란기나 치어기에 맞추어 기간이나 구역을 정하기도 해요. 명태의 경우 부화한 지 2년이 채 되지 않아 길이가 20cm 이하인 어린 명태를 노가리라고 합니다. 노가리 수요가 늘면서 어민들은 어린 새끼까지 잡아 명태 어획량을 늘렸고, 이렇게 무분별하게 어획하기 시작한 지 10년도 채 되지 않아 명태 자원은 고갈되고 말았다는 주장도 있습니다. 현재 우리나라에서는 27cm가 되지 않은 어린 명태는 어획을 금지하고 있어요. 하지만 명태 자원을 보호하기 위해서는 길이 35cm가 되지 않은 명태 역시 잡아서는 안 된다는 주장도 있죠. 여러분들은 어떻게 해야 한다고 생각하시나요?

다."라는 논리로 합리화하기도 했고요. 명태가 우리 바다에서 몽땅 사라진 원인으로 무자비한 남획 쪽에 더 무게를 두는 주장을 가벼이 여기기 어려운 이유입니다.

두 가지 중 무엇이 더 큰 원인이든 사람들의 지나친 욕심 때문에 우리 바다에서 명태가 사라진 것만은 틀림없어 보입니다. 그동안 바다는 끊임없이 자원을 내주었는데, 우리 인류는 그 자원을 탐내기만 했을 뿐 가꾸고 보존해야 한다는 마음가짐은 부족했으니까요. 시야를 넓혀 더 넓은 바다를 생각해 볼까요?

외국에서는 어떻게 명태를 보호하고 있을까?

우리나라 동해처럼 명태가 살기 좋은 차가운 바다를 보유한 일본의 사정은 어떤지, 다시 명태 이야기로 돌아가 보겠습니다. 우리 동해에서는 명태가 모두 사라졌지만, 일본은 여전히 명태 강국이란 명성을 유지하고 있습니다. 일본의 어민들도 수심 깊은 곳에서 헤엄치는 명태 무리를 알려주는 탐지 기계를 가졌어요. 하지만 이들은 기계로 명태 무리를 탐지하더라도, 그물로 바다 밑바닥을 훑는 방법을 쓰지 않습니다. 낚싯바늘에 미끼를 걸어 한 마리씩 명태를 잡아 올려요. 아직도 주낙을 이용한 연승으로 명태를 잡는답니다. 우리나라에선 옛날에나 쓰던 방법인데 말이에요. 주낙에 걸린 명태는 바늘에 입이 꿴 채로 올라오면서도 팔딱팔딱 살아 움직일 만큼 싱싱하다고 합니다.

세계에서 손꼽히는 수산대국인 일본이 왜 아직도 이렇게 주낙으로 명태를 잡을까요? 한꺼번에 많이 잡을 방법을 모르거나 기술이 없어서가 절대 아니랍니다. 명태 자원이 고갈되는 것을 막기 위한 노력을 실천하는 거예요. 일본 어민들은 명태뿐 아니라 다른 수산자원을 어획할 때도 크기가 작거나 덜 자란 것은 바다로 되돌려 주는 방침을 철저히 지킨다고 해요. 지금 조금 적게 잡고 적게 먹는 것이 나중까지 먹을 수 있는 길이라고, 생각만 하는 것이 아니라 몸소 실천하는 거예요. 이것이 명태가 우리 바다에서는 사라졌지만, 아직도 일본의 바다에 남아 있는 까닭인지도 모르겠습니다.

그렇지만 일본 바다에서도 옛날만큼 명태가 많이 잡히지는 않는다고 합니다. 우리나라 동해에 명태가 사라지기 시작하면서 일본의 명태 어획량도 줄기 시작했대요. 예전에는 일본도 우리나라처럼 한 해에 넉 달 정도 명태를 잡았는데, 요즘에는 두 달이면 명태 철이 끝나버린다고 합니다. 그래서 위기감을 느낀 일본은 수산자원을 보호하는 일에 더 열심입니다.

현재 세계에서 명태가 가장 많이 잡히는 나라, 러시아는 어떨까요? 러시아는 명태를 즐겨 먹지 않기 때문에 어획된 명태를 대부분 우리나라로 수출합니다. 명태가 외화를 벌어주는 주 수출품인 만큼 러시아도 명태 자원을 보호하려고 애써요. 우리나라와 러시아는 1991년부터 한·러 어업협정을 맺었어요. 해마다 한·러 어업위원회를 열어 명태는 물론 다른 어종에 대한 조업 쿼터를 정하고 두 나라 수산업을 위한 장기적 발전계획을 세우는 한편, 불법 조업을 막기 위한 상호 협력 방안도 협의해 왔습니다. 그렇지만 우리나라에서 소비되는 명태의 90% 이상을 러시아 바다에서 잡아 오거나 수입해 오는 명태로 충당하기 때문에 러시아와 명태 쿼터 협상을 할 때, 우리나라는 불리한 위치에서 협상을 진행할 수밖에 없어요. 러시아는 "투자가 없으면 쿼터도 없다."라는 원칙을 내세우죠. 우리나라 정부와 쿼터 협상을 할 때 러시아에 냉동 창고와 가공 공장을 짓고 투자해 달라고 요구해요. 또, 러시아의 수산

■ 한국과 러시아 수산당국은 1991년 9월 체결한 한·러 어업협정에 따라 매년 어업협상을 하고 있다.

정책상 더 쿼터를 늘일 수 없다고 으름장을 놓기도 합니다.

러시아의 요구를 들어주면서까지 명태 쿼터를 확보해야 하느냐고 되물을 수 있겠지만, 그렇게 할 수밖에 없는 사정이 있어요. 명태는 우리나라 사람들이 가장 좋아하고 가장 많이 소비하는 생선이잖아요. 그래서 수입 명태 공급마저 끊기면 국내 명태 가격이 치솟게 되고, 명태를 즐겨 먹던 우리나라 사람들은 큰 상실감을 겪게 될지도 모릅니다.

물론 다른 생선을 먹으면 되지 않느냐고 반문할 수도 있어요. 명태 말고도 맛있는 생선은 얼마든지 있으니까요. 하지만 명태는 우리나라에서 워낙 소비가 많았던 생선이라 명태 공급이 끊기면 그동안 기반을 닦아온 명태 산업이 큰 타격을 입습니다. 또 명태 산업에 기대어 생계를 이어오던 많은 사람이 곤경에 처할 게 뻔해요. 그래서 우리 바다에 명태 자원이 회복될 때까지 우리는 러시아와의 협상 테이블에서 박차고 일어날 수도 없습니다. 우리 바다에 명태 자원이 고갈되어 그러잖아도 러시아산 명태 수입 의존도가 높은데, 명태 쿼터를 확보하지 못하면 나라 안 명태 수요를 충족시키지 못할 지경에 이르고, 값이 치솟아 명태는 그야말로 '금태'가 되고 말 테니까요. 더구나 러시아가 바다 어족자원을 보존한다는 명분으로 쿼터를 줄여야 한다고 주장하는 데에는 맞설 대안도 없는 실정입니다.

알아 두기

치어 포획금지령

우리나라도 치어 포획금지령을 만들어 시행하고 있습니다. 국민이 즐겨 먹는 수산자원 중에서 점차 어획량이 줄고, 치어들의 포획은 늘어나는 어종이 그 대상이에요. 갈치나 고등어, 참조기, 갯장어, 민꽃게 등이 해당합니다. 이 어종들은 최소 길이를 법으로 정해 그보다 더 큰 개체만 잡도록 제한했어요. 예를 들어 갈치는 18cm 이상, 살오징어는 12cm 이상만 잡을 수 있죠.

어린 개체들은 사실 상품 가치가 없어 먹거리 용도로 쓰이지 못하고 대부분 양식장 사료 등으로 팔립니다. 어린 개체를 잡아들이면 어민들이 제값도 받지 못하고 팔게 될 뿐 아니라, 바다 자원이 줄어드는 결과로 이어져 결국에는 수산물 가격이 오르는 원인이 됩니다. 전문가들은 수산자원을 보호하기 위해서는 치어 포획을 금지하는 것이 제일 효과적이라고 해요. 어린 개체를 잡지 못하게 하면 어획량이 줄어들어 어민들이 당장은 어려울 수 있겠지만, 장기적으로는 수산자원을 보호해서 어민들이 꾸준히 소득을 얻을 수 있도록 보장해주는 길이라고 전문가들은 믿고 있습니다.

병들어가는 지구

산업이 발달하면서 인류는 더욱 편리하고 안락한 생활을 누리게 되었지만, 거대한 지구는 병들어가고 있습니다. 더불어 지구의 3분의 2를 차지하는 바다도 몸살을 앓아요. 인류는 더욱 편리하고 안락한 생활을 누리기 위해서 산업을 키우고, 석탄·석유와 같은 화석연료를 점점 더 많이 사용해 왔어요. 화석연료 사용량이 많아질수록 지구의 대기 중 이산화탄소 농도도 꾸준히 증가했죠. 지구 환경을 연구하는 과학자들은 앞으로 100년 후면 지구 대기 중 이산화탄소 농도가 현재의 2배가 되리라고 내다봅니다.

이산화탄소는 **온실효과**를 일으켜 지구 평균 기온을 높이는 역할을 해요. 지구 평균 기온이 올라가면 극지방에 있는 빙하가 녹아내려 바다 수면이 높아지게 되죠. 그러잖아도 수온이 올라가 바다 부피가 팽창해 있는데, 극지방에서 녹아내린 빙하가 흘러 들어가면 바다 수면이 더욱 높아질 게 뻔합니다. 과학자들은 앞으로 100년 후면 바다 수면이 약 1m 정도 높아질 거라고 예상합니다.

바다 수면의 상승은 해류에도 영향을 끼쳐요. 지구 온난화로 바람의 방향이 바뀌면 해류의 방향도 바뀌게 될 테니까요. 해류가 적도 지방의 열을 극지방으로 이동시켜 지구의 기후를 조절하는 데 크게 이바지한다고 했던 것 기억하죠? 그런데 해류의 방향이 바뀌면 지구의 어느 일정 지역 기후가 바뀔 수 있고, 전과 다르게 바뀐 기후는 지구 생태계에도 변화를 일으킵니다. 최근 지구 곳곳에 일어나는 이상기후를 생각해 보세요. 어떤 곳은 사막화되어가는데, 또 다른 곳에서는 태풍이나 홍수로 큰 피해를 보는 사건이 심심치 않게 일어나요. 이러한 변화를 대수롭지 않게 여겨서는 안 됩니다.

▌ 2017년 8월 미국 텍사스 지방을 강타한 허리케인 하비로 인해 휴스턴과 그 근방 도시들이 물
에 잠겼다.

지구 온난화에서 비롯되는 문제는 여기서 그치지 않아요. 이산화탄소는
식물이 광합성을 하는 데 꼭 필요한 물질이에요. 지구의 대기 중 이산화탄소
량이 늘어나면 바닷속 식물성 플랑크톤의 양도 늘어날 거예요. 식물성 플랑
크톤은 모든 바다 생물의 일차적인 먹이이기 때문에, 식물성 플랑크톤이 늘
어나면 자연히 바닷속 먹이사슬에도 변화가 뒤따릅니다. 지금 우리 바다에
서 일어나는 이상한 일들이 지구 온난화 때문이라고 짐작하는 건 바로 이 때
문이에요.

정도의 차이는 있지만 이런 이상 징후는 전 세계 바다에서 일어나요. 그동
안 꾸준하고 일정하게, 풍성하게 서식하던 어종들이 바다에서 줄어드는 변
화도 그중 하나입니다. 인류에게 오랫동안 식용되어 온 연어도, 낚아 올리면
큰돈을 얻을 수 있는 귀족 생선 참치도, 세계 바다에 배타적 경제수역을 만

들어 낼 만큼 큰 영향력을 발휘했던 대구도 차츰 어획량이 감소하고 있어요. 그러니 우리 바다 자원만 줄어드는 게 아니었다고 위안 삼아야 할까요?

바다 먹이사슬에 영향을 끼치는 것은 지구 온난화로 인한 이산화탄소량의 증가뿐만이 아닐지도 모릅니다. 혹시 태평양 한가운데 쓰레기 섬이 있다는 사실을 아나요? 이 쓰레기 섬은 미국 하와이와 캘리포니아 사이에 있는데요. 면적이 우리나라의 15배가 넘는다고 합니다. 이 거대한 쓰레기 섬은 'GPGP'라고 불러요. '태평양 거대 쓰레기 지대(Great Pacific Garbage Patch)'를 줄여 부르는 거죠. 뜻을 풀어보면 짐작할 수 있듯 이곳은 사실 섬이 아니라, 바다에 떠다니던 플라스틱 쓰레기들이 한곳에 모여 덩어리를 이룬 거예요. 바다 한가운데 뭉쳐있는 거대한 쓰레기 덩이인 셈이죠.

GPGP는 1997년 여름 미국 로스앤젤레스에서 하와이까지 요트 경주에 참여했던 한 선수가 발견하여 세상에 알려졌어요. 이후 이 거대한 쓰레기 더미가 어디서 떠밀려 왔는지 온갖 추측이 떠돌았죠. 〈오션클린업파운데이션〉이라는 비영리연구단체에서 세계 여러 과학자와 협력해 이 쓰레기가 어디서부터 밀려 왔는지 추적했더니, 아시아에서 북태평양 방향으로 흘러가는 해류(구로시오 해류)가 실어 나른 쓰레기로 확인되었다고 합니다. 조사팀에 따르면 모인 쓰레기 개수는 약 1조 8천억 개, 무게도 8만 톤이나 되는데, 초대형 여객기 500대와 맞먹는 무게라고 해요. 그 속에는 대형 플라스틱 쓰레기가 가장 많았고요.

GPGP 같은 쓰레기 섬은 전 세계의 바다에 네 개 이상 존재해요. 지금, 이 순간에도 바다 쓰레기가 모이면서 점점 더 커진다고 합니다. 그런데 눈에 보이는 쓰레기의 양보다 더 충격적이고 무서운 것은 미세플라스틱(micro plastic)

쓰레기 지대 지도

80% 의 쓰레기는 해안에서 바다로 흘러들어간다.

북대서양 환류

태평양
거대 쓰레기 지대
1,760,000
km²

남대서양 환류

남태평양 환류

인도양 환류

20% 의 쓰레기는 선박에서 유출된 것이다.

▌ 자이어(Gyre)는 환류, 즉 바다에서 회전하는 큰 규모의 해류를 의미한다. 하지만 해류를 따라 각 환류에 쓰레기들이 모여들면서 최근에는 거대 쓰레기 지대를 자이어라고 부르는 예도 있다. 태평양 거대 쓰레기 지대는 북태평양 환류(North Pacific Gyre) 지역에 위치한다

이에요. 미세플라스틱은 오랫동안 파도에 닳거나 태양열에 부스러져 눈에 잘 보이지 않는 아주 작은 플라스틱 알갱이들을 뜻합니다. 얼마나 작은지 현미경으로나 확인할 수 있는 크기래요. 미세플라스틱이 생태계에 어떤 피해를 주는지는 아직 명확하게 밝혀지지 않았어요. 하지만 바다 생물들이 미세플라스틱을 먹이로 착각해서 삼키고, 결국엔 먹이사슬의 최고점에 있는 인류가 섭취한다는 가설이 힘을 얻고 있죠. 식물성 플랑크톤을 걸러 먹는 홍합이나, 바닥에 쌓인 퇴적물을 먹는 갯지렁이 같은 생물들은 모두 미세플라스틱을 먹이로 착각해 섭취한다고 알려졌어요. 플라스틱 알갱이는 동물의 소화관을 막거나, 소화되지 않은 채 몸에 쌓여 결국 동물을 죽입니다. 플라스

틱에서 녹아 나오는 독성 물질은 또 어떨까요? 여러분들도 바다에 떠다니던 쓰레기를 삼키고 목숨을 잃은 바다 생물들의 이야기를 본 적 있을 거예요. 불과 얼마 전에도 영국 해안으로 떠밀려온 바다 포유류 내장에서 모두 미세플라스틱이 검출되었다는 연구 결과가 신문에 보도되기도 했죠. 바다 생물의 죽음이 심심찮게 보도되는데, 곧 인류의 이야기가 될 수도 있지 않을까요? 바다가 건강하지 못하면 해양생물들이 갖가지 질병에 시달리게 되고, 결국 인류의 건강도 장담할 수 없게 된다는 사실을 바다가 여러 가지 방법으로 경고하는 건지도 모르겠습니다.

　명태가 풍부하게 잡힐 때, 아니 명태 어획량이 조금씩 줄어든다고 느꼈을 때만이라도 어획량을 조절했다면 어땠을까요? 나중까지 풍요로우려면 지금 덜 잡고 덜 먹어야 한다는 마음을 가졌으면 좋았을 거예요. 그랬다면 국민 대다수가 좋아하는 명태를 다른 나라에서 수입해 먹는 일은 생기지 않았을 텐데요. 우리 바다에 명태가 다시 풍성해지도록 만들 방법은 없는 걸까요?

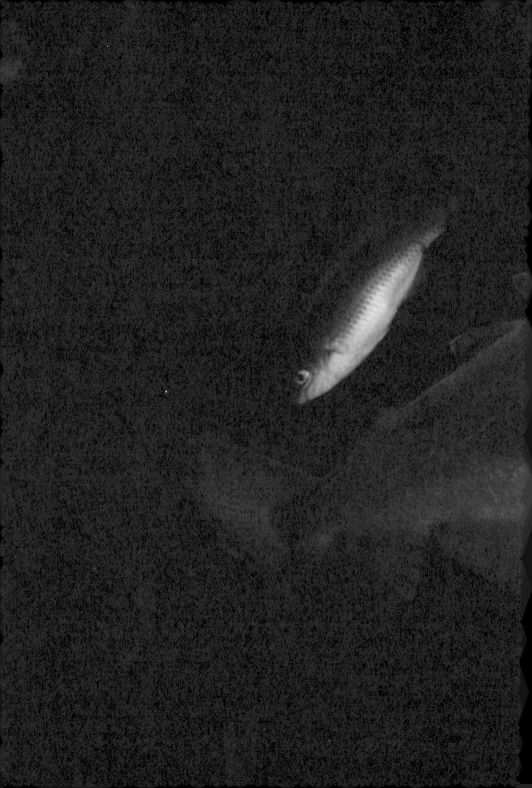

6장 명태가 돌아올 수 있을까?

이제 우리 바다에서 잡아 올린 명태 요리를 맛보는 일은 아득하고 먼 옛날이야기가 되어 버렸습니다. 그런데 지금도 우리 바다를 헤엄치던 '우리 명태' 후손을 만날 수 있는 장소가 있다고 합니다. 물속에서 활발하게 헤엄치는, 살아있는 '우리 명태'를 말이에요. 우리나라 안에 몇 군데 있는 대형 아쿠아리움이 바로 그곳이에요. 아쿠아리움에 있는 명태라니 참 뜻밖이죠? 아쿠아리움은 상어나 고래, 물범 등 평소에 쉽게 볼 수 없는 수중 생물들이 전시되는 장소잖아요. 명태는 원래 값이 나가거나 희귀한 물고기가 아닌데도 아쿠아리움에 전시되어 있다는 이야기는, 그만큼 명태가 우리나라에서 희귀한 물고기가 되었다는 뜻일 겁니다. 참 다행스럽게도 아쿠아리움에 전시된 명태는 멸종 위기 상황에서 극적으로 복원된 순수 토종, '우리 명태' 후손들이에요. 우리 명태가 멸종 위기에서 어렵게 복원되었다고 알려 일반인들도 관심을 두길 바라는 마음에서 명태를 관상용 수족관에 담아 전시한다고 해요. 멸종 위기에 있었던 우리 명태는 어떻게 복원되었을까요?

살아있는 명태 찾기

우리나라에서 '명태 살리기 프로젝트'가 시작된 때는 2014년 2월이에요. 이 사업은 강원도 고성군에 있는 한해성 수산자원센터 연구원들이 이루어내고 있어요. 연구팀은 멸종 위기에 놓인 우리 명태를 복원하기 위해 '살아있는 우리 명태'부터 찾기 시작했다고 합니다. 처음에는 살아있는 명태를 구하기 위해 명태 보유국인 러시아와 일본에 도움을 요청하기도 했지만, 모두 거절당했다고 해요. 러시아나 일본은 우리 바다에서 명태가 사라지는 바람에 제 나라에서 잘 소비되지 않는 명태를 우리에게 수출하게 되었으니, 우리 바다에

▎ 살아있는 명태를 가져오면 사례금을 준다는 내용의 명태 현상 수배 포스터 ⓒ해양수산부

명태가 다시 풍부해지는 상황이 달갑지 않았을 수도 있겠죠. 그래서 연구팀이 생각해 낸 방법이 "살아있는 우리 명태를 찾는다."라는 포스터를 만들어 어민들에게 배포하는 것이었습니다. 만에 하나라도 그물에 걸려 올라오는 명태를 발견한다면 즉시 신고해주길 바라는 간절한 마음에서였죠.

"살아있는 명태 한 마리에 포상금 50만 원!"

명태 한 마리에 50만 원이라니, 명탯값으로는 터무니없을 만큼 큰 금액이에요. 하지만 살아있는 우리 명태를 구하기 위해서라면 절대 아깝지 않은 금액이었습니다. 그만큼 명태가 희귀해지기도 했고, 인공 배양을 하기 위해서는 살아있는 명태를 확보하는 단계가 제일 먼저 반드시 이루어져야 했으니까요.

포스터를 배포하며 첫 단추를 끼운 '명태 살리기 프로젝트'는 시작부터 극적이었어요. 연구팀이 포스터를 제작해서 대대적으로 홍보한 결과, 2014년 3월 마침내 살아있는 자연산 명태 3마리를 확보합니다. 포스터를 본 어민들이 우연히 그물에 걸려 올라온 명태를 신고해 준 덕분이었죠. 그런데 안타깝게도 세 마리가 모두 수컷이었어요. 명태 인공 배양을 시도하려면 암수가 모두 필요한데 암컷이 없었던 거예요. 연구팀은 살아있는 어미 명태가 발견되기를 기대하는 수밖에 없었어요. 간절한 기다림 끝에 이듬해 1월, 마침내 건강한 자연산 어미 명태 한 마리가 잡혔다는 연락을 받았어요. 연구팀은 지체하지 않고 항구로 달려갔죠. 그런데 이번엔 명태가 이미 죽어 있는 상태였어요. 연구원들은 실망이 이만저만이 아니었죠. 그렇지만 실낱같은 희망을 품고 죽은 어미 배를 살짝 눌러봤어요. 그랬더니 충분히 성숙한 알이 신선하고 투명한 상태로 삐져나오더래요. 어미 명태는 죽었지만 배 속에 있던 알들

은 생명을 잃지 않았던 거죠. 하늘이 도와준 걸까요? 그날 정말 다행스럽게
도 수컷 명태도 구했어요. 수컷 역시 죽은 상태였지만 채취한 정자는 살아있
었다고 합니다. 연구원들은 바로 죽은 어미 명태에게서 나온 알에 죽은 수컷
에게서 채취한 정액을 부었어요. 그리고 마침내 인공 수정에 성공해 9만 마
리의 새끼 명태를 부화시켰습니다. 명태가 사라진 우리나라에서 사람의 힘으
로 명태 새끼가 탄생한 순간이었죠. 그런데 기쁨은 잠시뿐이었습니다. 안타
깝게도 한 달 만에 부화한 새끼 명태 중 90%가 죽고, 나머지도 75일 만에 모
두 폐사하고 말았답니다.

그래도 연구팀은 포기하지 않았어요. 꾸준히 어미 명태를 확보하는 일에
힘쓰고, 어떻게 하면 어린 명태가 죽지 않고 온전히 어른 명태가 되도록 키울
수 있을지 연구를 거듭했습니다. 명태가 살기에 가장 좋은 물 온도를 찾아
내고, 어떤 먹이를 좋아하는지도 조금씩 알아냈어요. 수없이 시도하고 수많

생각해 보기

치어 방류사업은 어족자원을 늘리고 어민들의 소득을 증대시키는 데 이바지합
니다. 하지만 **방류**된 어종의 개체 수가 많아지면 해당 어종의 가격이 하락할지
도 몰라요. 또 환경이 변했을 때 자칫 적응에 실패한 개체들이 한꺼번에 죽을
수도 있습니다. 방류되는 치어들은 소수의 어른 물고기로부터 태어나다 보니,
여러 가지 환경 변화에 맞서기에는 유전적으로 다양성이 부족하기 때문이에요.
사라져가는 어족자원을 되살리기 위한 치어 방류사업에 관해 여러분들은 어떻
게 생각하시나요?

은 실패를 거듭한 끝에 마침내 2015년 12월 18일, 강원도 고성군 저도 앞바다에 인공 수정으로 탄생한 1세대 어린 명태 15,000마리를 1차 방류합니다. 넓고 넓은 바다에 비하면 방류된 명태는 얼마 되지 않는 양이지만, 순전히 우리나라 연구원들만의 노력으로 이룬 결실이었습니다. 2년 뒤인 2017년 5월 30일에는 2세대 인공 배양 명태가 탄생하여 두 번째 방류에도 성공합니다. 1차 방류 때보다 10배 정도 많은, 약 15만 마리였어요.

명태는 차가운 심해에 사는 물고기라 사람의 손으로 키운다는 게 여간 어려운 일이 아닙니다. 그런데 연구를 시작한 지 3년 만에 명태를 인공 배양해서 자연으로 돌려보냈다는 건 대단히 성공적인 결과예요. 그것도 양을 열 배나 늘려서 말이에요. 하지만 연구팀은 마음을 놓을 수가 없었어요. 명태는 회유성 물고기잖아요? 수족관에서 자란 명태가 넓고 넓은 바다로 헤엄쳐 나갔다가 다시 우리 동해로 돌아올 수 있을지 방심할 수 없었던 거죠.

명태 양식 산업이 가능할까?

명태 살리기 사업은 우리나라가 세계 최초로 명태 완전 양식을 성공시키는 성과로도 이어졌습니다. 물고기 양식에 성공한 게 뭐 그리 대단한 일인지 의아할 수도 있겠지만, 명태 양식은 그리 호락호락한 일이 아니랍니다. 명태는 수온이 낮은 심해에 사는 어종이라 명태가 살기 좋게 물 온도를 맞춰 주고, 명태가 좋아하는 먹이를 찾아 공급해 주는 일이 보통 어려운 일이 아니죠. 게다가 지금까지 명태 양식에 성공한 사례가 없어서 아무 정보가 없는 상태로 시작한 연구였어요. 수산 관련 산업이 많이 발전한 일본은 우리보다 앞서 인공 양식을 시도해서 1세대 인공 명태를 생산한 적이 있지만, 2세대까지 이어지는 완전 양식은 성공하지 못했어요. 일본뿐 아니라 그 어떤 나라도 명태 완전 양식을 성공시킨 나라는 없었기 때문에, 명태 양식은 불모지에서 화초를 가꾸는 일과 다름없었답니다. 그런 어려운 연구를 아무 정보도 없는 상태에서 성공했으니, 연구팀이 얼마나 노력했는지 미루어 짐작할 수 있죠.

그렇지만 명태 양식 산업의 장래가 마냥 밝지만은 않아요. 명태는 수온 변화에 매우 예민하다고 해요. 명태를 양식하려면 명태가 서식하기에 가장 좋은 환경을 만들어줘야 하는데, 명태가 살기 좋은 심해 저온수와 똑같이 수질을 유지하려면 막대한 비용이 들어요. 바다에서 표층수를 실이와 심층수와 비슷한 온도로 차갑게 만드는 시설을 갖춰야 하기 때문이죠. 실제로 연구원들은 수심 10m 정도의 바닷물을 펌프로 끌어와 명태가 살기 좋은 10℃ 정도로 차게 식혀 공급해 주는데, 동해 표층수를 하루 100톤 정도 쓴다

■ 광어 양식에 성공하면서 가격 부담을 덜 느끼며 광어 회를 먹을 수 있게 되었다.

고 합니다. 양식에 들어가는 비용이 그렇게 막대하다면 명태 양식 사업을 해 보겠다고 마음먹기가 절대 쉽지 않겠죠? 설령 용기를 내어 도전하더라도 명 태를 시장에 얼마에 내놓을지도 큰 고민거리일 거예요. 명태는 원래 가격 부 담 없이 사 먹을 수 있는 생선이었는데, 키우는 데 너무 큰 비용이 들어갔다 면 마냥 싼 값으로 공급할 수도 없는 노릇이잖아요. 우리 명태를 어렵게 복 원해도 정작 서민들이 쉽게 사 먹을 수 없을 만큼 비싸진다면, 앞으로도 한 국인의 밥상에는 수입 냉동 명태가 자리를 차지하게 되겠죠.

연구팀은 양식 명태가 값싸게 공급되려면 명태 양식이 산업화해야 한다고 생각합니다. 광어가 과거에는 매우 비싸게 팔렸지만, 양식에 성공하면서 비 교적 저렴하게 먹을 수 있는 생선이 된 것처럼요. 그리 길지 않은 기간에 많 은 양을 한꺼번에 생산할 수 있게 된다면, 우리 밥상에는 언제나 국내산 명 태, 그것도 생태로 만든 요리가 올라올 수 있으리라는 기대가 생깁니다. 우 리 바다에서 명태가 다시 풍성해지기를 기다리는 동안에도 말이에요. 하지만 차가운 바다, 그것도 심해에 사는 명태를 인공으로 양식할 수 있을지는 좀 더 고심할 필요가 있겠습니다.

명태가 돌아오고 있다

2015년 12월에 처음으로 1세대 어린 명태를 방류한 후, 2016년 한 해 동안 명태가 우리 바다에서 600마리 정도 잡혔다고 합니다. 그 명태들의 지느러미 를 떼어 유전자를 분석한 결과, 1차로 방류한 15,000마리 중 우리 바다로 되 돌아온 명태는 세 마리뿐인 것으로 확인되었어요. 회귀가 확인된 명태는 비 록 세 마리에 불과했지만, 우리 명태 복원 사업이 결코 헛된 일이 아니라는 확신을 준 결과였습니다. 잡히지 않은 명태가 더 있을 가능성을 고려하면, 그보다 훨씬 더 많은 명태가 우리 바다로 돌아왔으리라 추정할 수 있으니까요. 또한 이 세 마리는 방류된 뒤 자연에 잘 적응해서 그물에 걸릴 만큼 자랐다는 뜻이니, 이번에 되돌아온 명태가 확인된 건 큰 의미가 있어요. 연구팀은 우리 바다에 명태가 되살아날 희망이 있다고 확신합니다.

2018년에는 5월에 50만 마리, 6월에 40만 마리, 12월에 1만 마리를 방류했어요. 2018년 12월까지 명태 살리기 프로젝트 연구팀이 우리 바다에 풀어 준 어린 명태는 모두 122만여 마리에 이릅니다. 우리 바다로 돌아온 명태는 1~2차로 방류한 16,000마리 명태 중에서 모두 4마리였어요. 3마리는 유전자 검

집중탐구 표지를 붙여 방류한 치어

지금까지는 방류한 치어가 얼마나 회귀하는지 유전자 분석 방법으로 확인해 왔습니다. 그러나 좀 더 효과적으로 결과를 확인하려면 치어를 방류할 때 몸속에 표지(태그)를 붙이는 방법이 좋다고 해요. 유전자 분석은 꽤 많은 시간이 소요되지만, 표지를 붙여 방류해주면 포획하는 즉시 방류된 명태인지 아닌지 확인 가능하답니다. 실제로 명태 복원 프로젝트 연구팀은 2016년 6월 22일, 명태 1천 마리 몸속에 표지를 부착해서 바다에 방류하는 실험을 했습니다. 그 결과 2017년 2월에 포획된 명태 중에서 표지가 부착된 명태 한 마리가 확인되었어요. 비록 한 마리에 불과했지만 돌아온 명태가 있다는 사실만으로 연구팀은 우리 명태 복원에 큰 희망을 품고 연구에 더욱 힘을 쏟고 있습니다. 명태에 표지를 붙여 방류하는 작업이 순조롭게 이루어진다면 명태 복원 사업도 좀 더 빠르게 진행될 것입니다.

사로 밝혀졌고, 1마리는 몸에 부착된 표지로 확인했지요. 확인된 4마리는 2015년 말에 방류했던 1세대 명태 15,000마리에 포함된 개체로 짐작됩니다. 2016년과 2017년에도 어린 명태를 많이 방류했지만, 그 명태들이 아직은 조업 금지 기준(27cm) 이상으로 자라지 못했을 테니까요. 그렇지만 그 넓고 넓은 동해에 풀어놓은 15,000마리 중 4마리가 돌아와 포획되었다는 건 '명태 살리기 프로젝트'에 희망의 불씨가 살아있다는 의미가 아닐까요?

우리 바다에 희망이 엿보이는 일도 있어요. 2018년 4월, 강원도 고성군 공현진 앞바다에서 명태가 200마리 넘게 잡혔습니다. 공식적으로는 2006년 이후 12년 만에 명태가 대량으로 잡힌 거예요. 이날 잡은 명태는 강원도 한해성 수산자원센터로 옮겨 시험 연구용으로 기르고 있다고 합니다. 포획된 명태들은 길이가 20~25cm 정도에 그쳐 포상 기준인 45cm에는 미치지 못했지만, 우리 동해에서 12년 만에 대량으로 잡혔다는 사실만으로 매우 큰 의미가 있어요. 연구팀은 200마리의 명태가 혹시 2017년 5월과 12월 고성 앞바다에 방류한 30만 마리 중 하나인지 지느러미 표본을 채취해서 한국 수산자원관리공단에 유전자 검사를 의뢰했습니다. 조마조마한 마음으로 결과를 확인했는데요. 기대와 달리 연구팀이 방류한 명태는 아닌 것으로 확인되었습니다. 자연산 명태였어요.

하지만 절대 실망할 일은 아닙니다. 12년 만에 대량 어획된 명태가 연구팀이 방류해 준 명태가 아니라고 해서, '명태 살리기 프로젝트'의 성패를 가름할 수는 없으니까요. 인공 수조 안에서 온갖 시행착오를 거치면서 어렵게 길러낸 명태가 망망대해에서 살아남기란 생각처럼 그렇게 쉽지 않겠죠. 인내심을 갖고 좀 더 기다려 봐야 합니다. 실로 오랜만에 대량 어획된 명태가 어떤 명태이든, 우리 바다에 명태가 존재한다는 사실을 알게 되었으니 얼마나 기쁜 일이에요? 그동안 그렇게 만나고 싶던 우리 명태인데 말입니다.

바다가 되살아나는 걸까?

우리 바다에서 명태 자원이 회복될 수 있을지 기대와 연구가 계속되는 가운데, 2018년 12월에 강원도 고성 앞바다에서 2만여 마리의 명태가 또 잡혔습니다. 12년 만에 대량 포획되었다고 기뻐했던 지난 4월보다 훨씬 더 많은 양이에요. 강원도 한해성 수산자원센터에서는 이 중 100마리를 골라 유선사

알아 두기

바다 목장 사업
육지와 가까운 바다에 물고기가 많이 모일 수 있도록 **인공 어초**나 바다 숲을 설치해 주고, 수산물의 **종묘** 생산에서부터 어획에 이르기까지 전 과정을 울타리를 세우지 않은 채 인위적으로 통제하고 관리하는 양식장을 바다 목장이라고 합니다. 1998년부터 해양연구소와 국립수산과학원이 바다를 오염시키는 **가두리 양식**의 한계를 극복하기 위해 공동으로 연구하고 개발한 과학적 어업 생산 방식이에요. 자연 생태계를 보전하면서도 육지와 가까운 바다 자원을 회복함은 물론 관광 · 레저의 공간도 제공해서 어업인들의 소득을 늘려 줄 거라는 기대로 시작했어요.
바다 목장 사업은 지역 특성에 맞추어 개발하기 위해 사전 조사를 거쳐 후보지를 선정하고 시행해요. 2001년 전라남도 여수 앞바다에서 시작되어 다른 지역 연안으로도 점차 확대되고 있습니다.

분석을 의뢰했는데, 모두 자연산으로 밝혀졌어요. 이에 고성 어민들은 자연산 명태가 이제 회귀하기 시작한 것이 아니냐는 희망을 품고 있다고 합니다. 더불어 그동안 인공으로 길러 방류한 명태들은 어디로 갔으며, 얼마나 살아남았는지도 궁금해하고 있어요. 잡힌 명태들의 크기가 비슷하고, 치어를 방류했던 지역에서 명태가 잡혔다는 점 등을 근거로, 방류했던 명태가 돌아온 게 아닌가 하는 기대도 내려놓지 않고 있답니다. 명태 자원 회복에 관한 기대감이 높아지는 이때, 고성군에서는 어획량을 조절함은 물론 어린 명태는 다시 놓아주는 등의 노력을 해달라고 어민들에게 신신당부합니다. 정부는 2019년 1월 21일부터 크기에 상관없이 우리 바다에서 명태를 어획하는 일을 전면 금지했어요.

2019년이 되어 기쁜 소식이 연달아 꼬리를 뭅니다. 명태처럼 우리 동해에서 자취를 감춰갔던 오징어가 점점 더 많이 잡힌다는 소식이에요. 명태만큼은 아니더라도 오징어 역시 우리나라 사람들이 즐겨 먹는 생선 중 하나인데, 이 오징어가 몇 년 전부터 잘 잡히지 않아 '금징어'로 불릴 정도였어요. 그런데 2019년에는 오징어가 연이어 잡힌다고 합니다. 오징어잡이 어민들은 여러 해 만에 오징어가 많이 잡혀 얼마나 기뻐하는지 모릅니다.

하지만 마냥 기쁜 일로만 여기기에는 걱정스러운 면도 있습니다. 오징어가 전년 같은 기간보다 많이 잡혔지만, 값을 예전 수준까지 내리기에는 충분치 않은 정도고, 무엇보다 크기가 예전 같지 않아요. 그래서 '반짝 풍어'가 아니냐는 우려의 눈초리가 많습니다.

그동안 우리 동해에서 잡히던 오징어는 중국 동쪽 연안과 대한해협 등에서 태어나 수온에 따라 동해와 러시아 바다를 오가는 습성을 가진 개체들이에요. 크게 10~11월 사이에 알을 낳는 '가을 산란군'과 2~3월 사이에 알을 낳는 '겨울 산란군' 두 무리로 나눌 수 있답니다. 우리 어민들은 10월부터 다음 해 2월까지 몸길이가 26~28cm 정도 되는 오징어를 잡아 왔어요. 이 정도 크기면 태어난 지 11개월 정도 되었다고 볼 수 있답니다. 오징어는 평균 수명이 1년 안팎인 일년생 동물이고 산란 직전 크기가 30cm라는 특성을 고려해 추정한 결과죠. 그런데 2019년에 다량으로 어획된 오징어는 크기가 16~18cm로, 태어난 지 6~7개월쯤 되었다고 여겨져요. 이전에 우리 어민들이 잡아 왔던 가을·겨울 산란군과 다른 무리라는 뜻이죠. 이 또한 동해의 수온이 바뀌어서 생긴 변화라고 짐작됩니다.

더 심각한 문제는, 이 작은 '총알 오징어'들과 함께 10cm가 채 되지 않는 새끼 오징어들이 그물에 걸려 올라온다는 점입니다. 수산자원관리법에 따라

▌ 최근 총알 오징어라는 이름으로 크기가 작은 오징어가 많이 팔린다.

몸길이가 12cm 이하인 오징어는 잡을 수 없지만, 전체 어획량의 20%에 미치지 못할 때는 문제가 되지 않거든요. 여러 해 동안 오징어 양이 줄어들어 오징엇값이 많이 올라있어요. 상인들은 작은 오징어들도 마다하지 않고 파는 지경인데, 이러다 곧 오징어도 씨가 말라 정말로 '반짝 풍어'에 그치는 것은 아닐지 걱정을 내려놓을 수 없습니다.

우리나라 해양수산부 산하단체인 국립수산과학원에서는 오징어를 자원 회복대상 어종으로 정하고 어획 금지 기준을 몸길이 12~20cm로 확대하는 한편, 금어기도 확대하는 등 오징어 자원 역시 보호하려고 노력합니다. 오징어뿐 아니라 개체 수나 크기가 점점 줄어드는 갈치, 조기, 고등어, 게, 문어 등의 자원을 되살리는 일에도 팔을 걷어붙입니다. 그동안 정부가 이끌었던 전통적인 어업 관리 체계에서 벗어나 자율관리어업이 정착되도록 지원하고 있어요.

바다의 미래, 명태의 미래

전에 볼 수 없던 일들이 최근 들어 왜 이렇게 꼬리를 물고 일어나는지 의문을 내려놓을 수 없습니다. 오랜 시간 동안 질서정연하게 흐르며 지구를 돌보던 바다가 지쳐 버린 건 아닐까요? 그동안 인류에게 자원을 내어주기만 했던 바다가 이제는 주기만 할 수 없는 지경에 이르렀다고, 우리에게 신호를 보내는 건 아닐까요?

바다는 빛이나 공기처럼 지구에 존재하는 모든 생명이 함께 누려야 할 모두의 자원, 공동(공유) 자원입니다. 지금 바다에서 일어나는 이상 징후들은 바다가 누구의 것이 아닌, 모두의 것이기 때문에 생긴 일인지도 몰라요. 풍부한 바다 자원을 모두가 가질 수 있지만, 그렇다고 해서 한없이 가질 수는 없잖아요. 그 사실을 간과했던 대가를 지금 치르는 거예요. 꾀 많은 인류가 사실은 어리석었던 셈이죠.

사례탐구 자율관리어업

법의 테두리 안에서 어민들이 지역에 따라 자율적으로 공동체를 만들어 수산자원을 보존·관리·이용하도록 지원하는 정책입니다. 수산자원을 실질적으로 이용하는 어민들이 수산자원을 자율적으로 관리하여, 어장 환경이 나빠지는 것은 물론 자원이 고갈되는 것을 막는 데 주목적을 둡니다. '어민들 스스로 생활 터전인 바다를 지키고 살리자.'라는 의지를 실천하는 일이에요. 이를테면 지역별로 어촌계를 만들어서 자치 규약에 따라 마을 공동어장을 관리·운영하는 일 등이 해당합니다. 자율관리어업이 정착되면 수산자원을 체계적으로 관리하고 불법 어업 등도 예방할 수 있습니다. 바다 자원도 보존하고, 궁극적으로는 어민들의 소득 증대도 기대할 수 있어요. 2019년 자율관리어업 공동체는 전국에 1,108개가 만들어져 있는데, 정부는 이들 중 우수 공동체를 선정해서 자율관리육성사업비를 지급하는 등 자율관리어업이 정착·확대될 수 있도록 지원합니다.

자율관리어업은 '우리 바다 자원 되살리기 운동'으로 발전해 어민들이 스스로 연근해 어장에서 쓰레기를 수거하는 등 수산자원을 보존하는 데 크게 이바지합니다. 그뿐만 아니라 감시선과 감시조를 운영하여 불법 어업을 뿌리 뽑기 위해 애쓰는 한편, 바위를 닦는 등 공동작업을 통해서 경제적 효과를 거두고 있습니다.

정부가 주도해서 수산자원을 관리하는 방식과 어민들이 스스로 수산자원을 관리하는 방식 중, 여러분들은 어느 쪽이 더 효율적이라고 생각하시나요?

남극과 북극의 빙하가 빠른 속도로 녹고 있어서 '이제는 인류가 무언가를 하기에는 너무 늦었을지도 모른다.'라고 경고하는 학자들이 많습니다. 우리나라는 극지방에서 먼 곳에 있으니까 빙하가 녹아내린다고 해도 우리가 받는 영향은 별로 없는 걸까요?

하얀 빙하는 태양에너지를 다시 우주로 되돌려 보내는 역할도 해요. 그런데 빙하가 줄어들면 우주로 반사되던 태양에너지를 바다가 흡수할 수밖에 없어요. 바다에 흡수된 태양에너지는 바닷물을 데우고 다시 더 많은 빙하를 녹이겠죠. 그러면 바다는 점점 더 넓어지고, 이전보다 더 많은 태양에너지를 흡수해 더 많은 빙하를 녹이고, 그렇게 더워진 지구는 거대한 해류의 흐름에도 영향을 끼칠 겁니다. 결국에는 바다 생태계, 나아가 전 지구 생태계가 혼란에 빠지게 될 거예요.

바다 먹이사슬은 이미 엄청난 혼돈에 빠져 있습니다. 한 마디로 지금 전 세계의 바다는 몹시 아파요. 이렇게 바다가 아픈데 우리가 어렵게 되살린 명태를 드넓은 바다로 내보낸들, 수족관 속에서 곱디곱게 자란 명태가 드넓은 야생 바다에서 건강하게 살아남아 다시 우리 바다로 되돌아오는 멀고도 험한 여정을 견뎌낼 수 있을까요?

수십 년 전, 아니 불과 몇 년 전까지 우리 바다에 풍성했던 많은 어종이 점점 크기가 작아지고, 수가 줄어가는 상황을 주시해야 합니다. 어쩌면 앞으로 바다에 더 큰 이변이 생길 거라는 징조일지도 몰라요. 지금 세계 모든 바다에서 벌어지는 이상 징후들은 우리 바다에서 명태가 사라져 버린 사태와 절대 무관하지 않습니다.

사라지지 않게 애초에 조심하면 좋았을 텐데, 명태가 모두 떠난 후에야 명머지않아 남북 평화의 시대가 열릴 거라는 기대로 세계의 눈과 귀가 우리나라에 쏠리고 있습니다. 남북한이 함께 우리 동해를 되살리는 데 힘을 모은다면 명태 살리기 사업 효과는 극대화될 수 있을 거예요. 명태는 한해성 어종이라 남쪽 해역보다 북쪽 해역, 특히 원산만이 가장 산란하기 좋은 곳으로 알려졌거든요. 남쪽에서 되살린 우리 명태 치어를 북쪽 바다에 방류한다면, 한반도에 평화의 불씨가 살아나는 것처럼 명태도 옛 모습으로 활발하게 되살아나지 않을까요? 강원도에서는 남북한이 합심한다면 명태 살리기 사업뿐 아니라 우리 동해의 풍요를 회복하는 데 큰 성과를 낼 수 있다고 기대합니다. 남북한 공동어업과 자원 조성, 학술 연구까지 책임질 팀을 꾸려 곧 활동을 시작할 예정이라고 해요.

태가 돌아오게 만들자는 노력이 시작된 건 정말 안타까운 일입니다. 마치 소 잃고 외양간 고치는 격이니까요. 하지만 이제라도 우리 명태를 되찾으려는 연구가 진행되어 참 다행입니다. 아직은 명태가 우리 바다로 돌아온다고 확신할 수 없는 단계지만, 희망이 실현될 수 있다는 기대는 조금씩 커지고 있어요.

이럴 때야말로 우리는 풍요를 자만했던 옛날을 떠올리며 그 어느 때보다 조심스럽고 신중한 태도를 보여야 합니다. 바다 자원을 회복시키고 보존하는 일은 몇몇 연구자들의 노력에만 기대어서는 불가능함도 잊지 말아야겠습니다. 드넓은 전 세계 바다는 거대한 하나로 연결된 만큼, 우리 바다만 지킨다 해서 꼭 우리 바다 자원이 풍성해지지 않을 수 있다는 사실도 반드시 기억해야겠습니다. 명태를 되살리려는 간절한 바람과 노력이 마침내 결실을 거두어 우리 바다에 다시 명태가 풍성해지더라도, 명태가 거쳐 다니는 온 바다가 온전하지 못하다면 명태는 우리 바다로 되돌아올 수 없을 테니까요. 또 되찾아야 할 우리 바닷물고기가 비단 명태만이 아니며, 명태가 살 수 없게 된 바다에서는 그 어떤 물고기도 생존할 수 없다는 것을 잊지 말아야 할 것입니다.

간추려 보기

- 명태 복원 프로젝트는 2014년 2월부터 한해성 수산자원센터에서 시작된 사업이다.
- 2015년 12월 1차로 15,000마리 명태 치어를 방류한 것을 시작으로 2018년 12월까지 모두 122만 마리의 어린 명태를 방류했다.
- 명태 치어를 방류한 뒤에도 연구팀은 유전자 검사를 통해서 명태가 회귀하는지 주의 깊게 관찰하고 있다.
- 현재까지 방류한 명태 중에서 회귀한 것으로 확인된 명태는 모두 4마리(유전자 검사로 3마리, 표지 부착 확인 1마리)이지만, 명태 복원 사업이 결코 헛된 일이 아니라고 확신하게 해준 결과로 의미가 있다.
- 바다 자원을 회복시키고 보존하는 일은 몇몇 연구자들의 노력에만 기대어서는 불가능한 일이라는 것도 잊지 말아야 한다.

용어 설명

가두리 양식 그물 등으로 가두는 우리를 만들어 그 속에 어류를 넣어 기르는 양식 방법.

고지 명태의 이리, 알, 재장을 통틀어 이르는 말. 명태의 이리는 특별히 '고지'라고 부르기도 한다.

골바람 골짜기에서부터 산꼭대기로 부는 바람.

기선 증기 기관의 동력으로 움직이는 배를 통틀어 이르는 말. 증기선, 화륜선 따위가 있다.

냉해 농작물이 자라는 도중에 저온 현상이나 일조량이 부족해져 생기는 피해.

덕 널이나 막대기 등을 나뭇가지나 기둥 사이에 얹어 만든 시렁이나 선반

만선 물고기 따위를 많이 잡아 가득히 실음. 또는 그런 배.

물신 신령이 깃들어 있다고 생각하여 숭배하는 동식물이나 물건.

방류 물고기를 기르기 위하여, 어린 새끼 고기를 강물에 놓아 보냄.

배타적 경제수역 연안으로부터 200해리 수역 안에 들어가는 바다. 연안국은 이 수역 안의 어업 및 광물 자원 따위에 대한 모든 경제적 권리를 배타적으로 독점하며, 해양 오염을 막기 위한 규제의 권한을 가진다.

성어 다 자란 어른 물고기.

소빙하기 산악 빙하가 크게 팽창했던 한 시기. 16세기 말에 시작되어 1850년까지 계속되었다. 이 시기의 기온 저하는 세계 각지의 기록에 나타나 있고, 빙하의 진출뿐만 아니라 해면 저하·식생 변화도 일어났다고 한다.

어군탐지기 깊은 곳에 있는 물고기 떼를 찾아주는 탐지 기계.

어로기술 수산물을 잡거나 거두어들이는 기술.

어로한계선 정부가 어민들의 안전을 위해서 고기잡이 가능 지역을 정해 놓은 한계선.

여염 일반 백성의 살림집이 많이 모여 있는 곳.

온실효과 태양이 열이 지구로 들어와서 나가지 못하고 순환되는 현상.

유가 공자의 학설과 학풍을 따르고 연구하는 학자나 학파.

이리 물고기 수컷의 배 속에 들어 있는 흰 정액 덩어리.

인공 어초 암석이나 버려진 배, 콘크리트 블록 등을 바닷속에 넣어 두는 것.

잡어 온갖 자질구레한 물고기.

저인망 바다 밑바닥까지 내려가 수평으로 펼쳐지는 그물.

조업 기계 따위를 움직여 일함.

종묘 식물의 씨나 싹을 심어서 가꾼 모종이나 묘목.

진상 지방에서 나는 특산물을 임금이나 높은 지위에 있는 사람에게 바치는 일.

진휼미 흉년이 들었을 때, 나라에서 백성을 구제하기 위해 내려 주던 쌀.

창난젓 명태의 창자에 소금, 고춧가루 따위의 양념을 쳐서 담근 젓.

출어 물고기를 잡으러 바다로 나가는 일.

치어 알에서 깨어난 지 얼마 되지 않은 어린 물고기.

통관절차 관세법에 따라 수출입의 허가를 받고 세금을 내는 절차.

흔적기관 불완전하게 발달해서 지금은 흔적만 남아 있는 부위. 원래 기능이 있었는데 점차 쓸모가 없어져 퇴화한 부위도 포함한다.

연표

15세기	우리나라에 명태가 처음 나타났을 것으로 추정된다.
17~18세기	소빙하기로 인한 흉년에 굶주리는 백성들을 구휼하는 데 명태 무역이 주효했다.
19세기	명태잡이에서 자망 어업을 시작하였다.
1952년	시인 양명문이 쓴 글에 작곡가 변훈이 곡을 붙이고, 성악가 오현명이 부른 가곡 〈명태〉가 처음 발표되었다.
1981년	한 해에 16만 톤의 명태를 어획하여, 역대 최다 어획량을 기록했다.
1991년	한·러 어업협정을 맺었다. 이후 매년 어업위원회를 열어 러시아와 명태 쿼터를 비롯한 어업 협상을 하고 있다.
1999년	강원도 고성에서 명태 축제를 연례행사로 시작하였다.
2000년	명태 어획량이 집계 불가능할 만큼 격감하였다.
2014년	강원도 고성의 한해성 수산자원센터에서 2월부터 명태 살리기 프로젝트를 시작했다.

2015년	우리나라 명태의 인공 수정에 성공해 9만 마리의 새끼 명태를 부화시켰지만, 75일 만에 모두 폐사하였다. 인공 수정을 재시도하여 탄생한 1세대 어린 명태 15,000마리를 12월에 1차 방류하였다.
2016년	한 해 동안 우리 바다에서 600마리 정도의 명태가 잡혔다. 이 중 1세대 명태 세 마리의 회귀를 유전자 분석으로 확인했다. 6월에 표지를 부착한 명태 1,000마리를 방류하는 실험을 했다.
2017년	표지를 부착한 명태 한 마리의 회귀를 2월에 확인했다. 2세대 인공 배양 명태 15만 마리를 5월에 2차 방류하였다.
2018년	강원도 고성 앞바다에서 4월에 200여 마리, 12월에 2만여 마리의 명태를 잡았다. 연구팀의 방류와는 무관한 자연산으로 밝혀졌다. 12월까지 명태 살리기 프로젝트 연구팀이 우리 바다에 풀어 준 어린 명태가 모두 122만여 마리에 이른다.
2019년	정부가 1월 21일 크기에 상관없이 우리 바다에서의 명태 어획을 전면 금지했다.

참고 자료

도서

《조선의 바다》	박승국, 한국문화사, 1999
《해양과 지구환경》	스도우 히데오, 전파과학사, 2003
《한국어류대도감》	김익수 외 5인, 교학사, 2005
《해양생물의 신비 100》	도쿄대학교 해양연구소, 이치, 2005
《관해기 3》	주강현, 웅진지식하우스, 2006
《국어 교과서도 탐내는 맛있는 우리말》	김은하, 웅진주니어, 2007
《바다생물 이름 풀이사전》	박수현, 지성사, 2008
《조선시대 해양환경과 명태》	부경대학교 해양문화연구소, 국학자료원, 2009
《명태를 찾습니다!》	주강현, 미래아이, 2012
《둥실둥실 동해 바다 물고기》	명정구, 보리, 2012
《팔딱팔딱 바닷물고기 이야기》	명정구, 보리, 2012
《물고기, 뛰어오르다》	기태완, 푸른지식, 2016
《바다는 왜?》	김웅서·장순근, 지성사, 2016
《플랑크톤도 궁금해하는 바다상식》	김웅서, 지성사, 2016
《명태가 노가리를 까니, 북어냐 동태냐》	권오길, 지성사, 2016
《눈 내리면 대구요, 비 내리면 청어란다》	권오길, 지성사, 2017

논문

〈황태덕장연구〉   김의숙, 1998

〈조기, 명태, 숭어의 민속학〉   홍태한, 2013

〈한국의 러시아 명태 수입과 러시아 수산업투자 고찰 : 러시아 명태 수입 의존도 분석

을 중심으로〉   김선래 · 김은미, 2014

방송

〈명태〉   목포 MBC 어영차 바다野, 2014.3.1

〈명태, 완도 소안도〉   목포 MBC 어영차 바다野, 2016.10.9

〈생선의 종말〉   EBS 다큐프라임, 2017.1.23~25

〈국민 생선, 명태의 귀환〉   YTN 사이언스, 2017.7.18

〈명태, 그 뜨거운 안녕〉   EBS 다큐프라임, 2018.4.17

〈남북 공동 동해자원회복 필요〉   강원도 G1 뉴스 연중기획 보도, 2018.6.27

기사

〈뛰놀던 동해바다로, 명태 돌아올까?〉   한겨레, 2018.11.9

〈강원 고성 앞바다서 명태 1300여 마리 잡혀…. 치어방류사업 효과 봤나?〉

                                                            서울경제, 2018.12.22

〈반갑다, 명태야〉 경향신문, 2018.12.23

〈명태 122만 마리 중 돌아온 건 4마리… 그러나 희망은 있다〉 중앙일보, 2019.1.21

〈동해안은 오징어 풍어라는데… 왜 '숲징어'일까?〉 이데일리, 2019.1.24

〈해안 떠밀려온 해양 포유류 내장서 모두 미세플라스틱 검출〉 중앙일보, 2019.2.1

〈빙하 녹는 속도 빨라져… 한국 100년 뒤 서울 면적 1.6배 바다로〉

서울신문, 2019.2.19

〈급감하는 수산자원, '바다 살리기' 고군분투 나선 해수부〉

헤럴드경제, 2019.2.26

블로그

〈동해수산연구소, 국민생선 명태 완전양식 성공 후 오징어와 대구 양식을
꿈꾼다!〉 국립수산과학원(http://blog.daum.net/sciensea/2733)

찾아보기

내인생의책은 한 권의 책을 만들 때마다
우리 아이들이 나중에 자라 이 책이 '내 인생의 책'이라고 말할 수 있는 책을 만들고자 합니다.

세상에 대하여 우리가 더 잘 알아야 할 교양

⑦ 명태 우리 바다로 돌아올까?

남궁담 지음

초판 인쇄일 2019년 6월 17일 | 초판 발행일 2019년 6월 28일
펴낸이 조기룡 | 펴낸곳 내인생의책 | 등록번호 제10-2315호
주소 서울시 성동구 연무장5가길 7 현대테라스타워 E동 1403호
전화 02) 335-0449, 335-0445(편집) | 팩스 02) 6499-1165
편집 백재운 홍수린 | 디자인 위하영

ISBN 979-11-5723-478-3 (44300)
          979-11-5723-416-5 (세트)

이 도서의 국립중앙도서관 출판예정도서목록(CIP)은 서지정보유통지원시스템 홈페이지(http://seoji.nl.go.kr)와
국가자료종합목록 구축시스템(http://kolis-net.nl.go.kr)에서 이용하실 수 있습니다.(CIP제어번호:2019021121)

내인생의책에서는 참신한 발상, 따뜻한 시선을 가진 원고를 기다리고 있습니다.
원고는 나무의 목숨값에 해당하는 가치를 지녔으면 합니다.
원고는 내인생의책 전자우편이나 홈페이지를 이용해 보내 주세요.

전자우편 bookinmylife@naver.com | **홈페이지** http://bookinmylife.com

어린이제품 안전 특별법에 의한 제품 표시
제조자명 내인생의책 | **제조 연월** 2019년 6월 | **제조국** 대한민국 | **사용연령** 5세 이상 어린이 제품
주소 및 연락처 서울시 성동구 연무장5가길 7 현대테라스타워 E동 1403호 02) 335-0449 | **담당 편집자** 백재운